평화일기

두 번째 이야기

평화일기 두 번째 이야기
일원을 담아 은혜를 짓다

초판 1쇄 발행 2020년 3월 1일

지은이 정상덕

기획·편집 김도경
북디자인 정소이
사진 정상덕, 김경태, (주)건정종합건축사사무소, (주)요진건설, 원불교기록관리실
일러스트 원불교 홈페이지, 이은정

펴낸곳 (주)인포디렉터스
펴낸이 김경태
출판등록 2018년 2월 21일 제2018-000050호
주소 서울시 마포구 월드컵북로 400, 문화콘텐츠센터 5층 5호
전화 070. 8813. 5761
팩스 0505. 300. 1628
전자우편 info_directors@naver.com
H / B infodirectors.org / chaekteum.net

책값은 뒤표지에 있습니다.
잘못된 책은 구입하신 서점에서 교환해 드립니다.
이 책은 저작권법에 의해 보호를 받는 저작물이므로 무단전재와 복제를 금합니다.
책틈 은 (주)인포디렉터스의 인문교양 출판브랜드입니다.

ISBN 979-11-90648-00-4(03100)

이 도서의 국립중앙도서관 출판예정도서목록(CIP)은 서지정보유통지원시스템 홈페이지
(http://seoji.nl.go.kr)와 국가자료공동목록시스템(http://www.nl.go.kr/kolisnet)에서
이용하실 수 있습니다.(CIP제어번호 : CIP2020006336)

이 책『평화일기 두 번째 이야기』는 일부 본문을 제외하고 원불교 한동근체를 사용하였습니다.

평화일기

두 번째 이야기

일원을 **담아** 은혜를 짓다

정상덕 지음

책틈

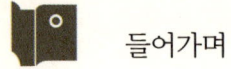 들어가며

소태산의 길

    추억은 한 개인의 기억에 머물지만, 기록은 모두의 역사가 되고 재해석되어 중층적인 문화로 살아날 수 있습니다. 정산 종사 말씀하시기를 "성인이 나시기 전에는 도가 천지에 있고 성인이 가신 후에는 도가 경전에 있다." 하셨습니다. 우리가 날마다 대종사님을 만나서 그 심법을 받들고 행동할 수 있는 길은 바로 정전과 대종경 덕분입니다. 기록의 공덕이 있기에 지금 우리가 소태산 대종사님을 만날 수 있고 뒤따를 수 있는 것입니다.

    새 시대의 주세불이시고 인류의 스승이신 소태산 대종사 호를 받들어 짓는 소태산기념관의 건축 과정은 일지와 회의록 그리고 시공사의 백서 등으로 남겨졌습니다. 실증적 기록물 외에 현장의 들숨과 날숨으로 느꼈던 날들도 남기고 싶어 시작한 평화일기에는 숨소리와 땀방울이 배어 있습니다. 하루하루를 붙잡아 남긴 제 글의 작은 공덕은 함께 한 노동자 한 분 한 분에게 드리고 싶습니다.

또한, 스승님의 뜻을 잇고 상하좌우 동지들이 기운을 북돋아 준 순간들을 담고 싶었습니다. 종교의 영성, 시민과 함께하는 공공성, 공부와 사업의 병진을 놓치지 않는 소태산기념관 건축의 의미를 고민하고 또 고심했습니다. 원불교 세계 교화의 터전이 되고자 하는 소태산기념관의 건립 목적성과 방향성을 수많은 공의를 통해 확보해나가고자 했습니다. 소태산기념관 설계안의 핵심은 '원만성, 영원성, 소통'을 모티브로 원불교의 교리를 통한 인간의 삶과 진리를 담는 그릇입니다. 일원상을 건축적으로 표현한 '해 닮은 일원상'의 건축 언어는 새로운 터전에서 새로운 마음으로 새 시대를 맞이하는 생명이 움트는 곳을 뜻하고 있습니다.

교화의 수단으로 문자와 언어가 활용되지만, 건축물로서 시대와 사회가 공감할 수 있는 문화적 힘이 있음은 인류 역사가 증명하고 있습니다. 소태산기념관은 원불교를 세상에 알리는 홍보성,

접근성, 효율성 등 최적의 조건을 갖췄습니다. 어떤 건축물이 사랑을 받든 그렇지 못하든, 그렇게 되기까지는 시간이 걸릴 것입니다. 원불교 종교건축의 대표성을 상징하는 건물로서 후일 원불교의 새로운 종교건축 양식을 발전시키는 촉매제로 쓰임이 다하기를 기원합니다.

2019년 10월 가을밤, 소태산기념관 앞에서 10층의 일원상을 올려다보며 기도했습니다. 공사를 마칠 때까지 한 건의 안전사고가 없었다는 사실에 감사와 전율을 느끼며 기도의 힘과 대중의 기운 그리고 공사 관계자들의 밝은 웃음을 떠올렸습니다. 이 건물이 완성될 수 있도록 온전히 삶을 바쳐 기도하신 스승님과 권진각 교무님, 그리고 각종 회의록을 정리하느라 수많은 밤을 지새웠을 최희선 교무님과 황다혜 간사님을 떠올리며 특별히 감사의 기도를 올렸습니다. 소태산기념관의 완공을 향해 달리던 중 원불교 근원 성지인 영광군 백수읍 영산 성지 사무소장으로 발령 났습니다. 1년을 겸직하며 서울과 영광을 기차로 무수히 오갔습니다. 몸은 고되고 업무의 연속성이 끊어질까 조마조마한 시간이었습니다. 완공을 위한 건축 승인을 받기 위해 서울시, 동작구청과 팽팽한 줄다리기에 이은 대의적 협력은 인내를 체득하게 했습니다.

소태산기념관의 건립은 결복을 향해가는 우리에게 무거운 책임을 주었습니다. 그 간절한 책임은 오히려 근원 성지인 영산 성지의 기운을 소태산기념관에 불어넣는 좋은 기회였습니다. 경산 종법사께서 "소태산기념관은 제2의 방언 공사다." 하신 뜻을 이제야 조금 이해할 수 있게 되었습니다.

「대종사께서 '사오십 년 결실이요 사오백 년 결복.'이라 하셨고, 정산 종사께서 '길룡에서 탁근하고 신룡에서 개화하며 계룡에서 결실하고 금강에서 결복한다.' 하셨나니 여러분이 준비를 잘하면 결복 시기를 앞당길 수도 있느니라.」

[대산 종사 법어 개벽편 15장]

소태산기념관은 소태산 대종사님의 탄생, 구도, 대각, 법계인증의 근원 성지인 영산의 큰 기운을 품고 있습니다. 영산 노루목 새 하늘 열린 동산이 소태산기념관으로 이어지기를 염원합니다. 소태산기념관이 서울의 새로운 교화 성지로 시대의 사랑을 받기를 기도합니다. 법성포 갯벌을 막아 정관평을 조성할 때, 옥토로 돌리며 혈심혈성을 다하셨던 선진님들의 일천정성이 한강 소태산기념관으로 흘러들어 영육쌍전의 큰 그릇이 되기를 기도합니다.

평화일기는 영산 성지에서도 계속 이어졌습니다. 영산 성지는 대종사님 탄생 성지요, 대각 성지 그리고 법인기도로 천의를 감동시킨 법생지이며 정관평은 원불교와 시대가 나아갈 영육쌍전의 시범을 보여준 은생지입니다. 근원 성지, 영산의 미래는 분명합니다. 세계 정신문화의 이정표가 될 것이고, 평화의 생산지가 될 것입니다. 정신개벽의 시대를 인도할 생불, 활불들의 발걸음 소리가 쉼 없이 들릴 것입니다. 소태산의 성혼이 깃든 영산 성지를 보존하며 몸과 마음을 모으는 일에 일심합력해주시기를 기도합니다. 혹, 개발이라는 이름으로 종교, 문화, 환경이 훼손되지 않도록 국가 차원에서 '종교문화 보존지역'으로 선포해주기를 기도합니다. 진리의 성자, 소태산을 기다리는 꿈을 모두와 함께 간절히 꾸고 싶습니다.

2020년 2월 15일
영산 성지 삼밭재에서 정 상 덕 합장

들어가며　　　소태산의 길 _ 004

한강에서 생명의 진리를 담은 솥을 걸다

01　서울회관 40년, 수고하셨습니다 _ 016
02　사람과 우주를 잇는 태극의 띠가 있는 이 곳 _ 022
03　뿌리 깊은 나무와 같은 토목공사 _ 026
04　한 과정, 한 동작마다 의미가 있다 _ 030
05　한강과 소태산기념관 _ 034
06　1300여 평의 현장을 돌고 돕니다 _ 038
07　안전이 곧 평화다 _ 042
08　누군가의 10분, 누군가의 평생 _ 046
09　이 돌은 어디서 왔나요? _ 050
10　노동은 정직을 품은 신성이다 _ 054
11　바닥 _ 058
12　솥을 걸다 _ 060
13　수건 _ 064
14　그나마 괜찮습니다 _ 066

15 깻잎 _ *070*

16 기념관 외벽 루버를 가로로 설치한 이유 _ *074*

17 세상에서 가장 큰 오케스트라 _ *078*

18 내 삶의 결속선은 잘 묶여 있는가? _ *082*

19 몸은 알고 있다 _ *084*

20 마지막 시멘트 타설을 지켜보며 _ *086*

21 건축 폐기물을 화두로 _ *090*

22 얼마나 많은 사람이 오르내릴까 _ *094*

23 집은 삶의 보석상자 _ *096*

24 우리 집 부처님은 누구인가? _ *100*

25 솥에 첫 불이 들어왔다 _ *104*

26 사용 승인, 사회적 책무에 대해 생각한다 _ *108*

27 무궁화 야간열차를 타고 _ *112*

28 일원상이 봉안되는 날의 환희 _ *116*

29 소태산기념관과 방언공사 _ *120*

영산에서 활불들의 발걸음 소리를 듣다

- 01 또 다른 대각을 기다리는 만고일월 _ *128*
- 02 여기는 북쪽이다. 너는 어디로 가느냐? _ *130*
- 03 삼밭재, 참회의 땀방울은 온몸을 돌아 흐르고 _ *134*
- 04 3월의 흙길은 너무 빨리 걷지 맙시다 _ *138*
- 05 천 개의 등불이 되어 _ *140*
- 06 탄생가 복원, 근원 성지의 미래 _ *144*
- 07 정관평에 우렁이를 놓는 날 _ *152*
- 08 노루목 수국 숲에서 풀을 뽑으며 _ *154*
- 09 썩은 가지를 쳐내니 햇살이 들고 바람길이 열린다_ *158*

10 구수산의 염화미소 _ 160

11 걱정을 기도로 바꿀 수 있다면 _ 166

12 법명은 공명이고 공명은 세계시민증 _ 170

13 반백 년 도반, 메타세쿼이아 나무를 베며 _ 174

14 볍씨 한 톨에 담긴 무게 _ 176

15 소리 없이 밀려드는 그리움 _ 178

16 강아지 똥은 누가 먹었는가? _ 180

17 삭풍은 법풍이 되어 _ 184

18 성혼이 깃든 영산 대각전 _ 186

19 영산원이라 이름 지은 뜻은 _ 192

20 정전은 진리의 원본 _ 196

21 옥녀봉에서 새해를 맞이하며 _ 200

22 영산 성지로 발걸음을 돌리시오 _ 204

생명의 진리를 담은 솥을 걸다

한강에서

01
서울회관 40년, 수고하셨습니다

　서울회관은 수도 서울에 교단의 교화·교육·훈련·문화·복지 등의 목적 사업을 위해 설립된 종합회관이었습니다. 대산 종사께서는 종법사 임기 중 가장 어려웠던 일로 서울회관 건립 중 일어난 사건을 꼽으셨다고 합니다. 소태산기념관 건축을 준비하며 들려주신 경산 종법사의 귀한 말씀 중 대산 종사께서 과거 서울회관 건립 과정 중 현장을 방문하여 일행과 눈을 마주치지 않으시려고 돌아서서 큰 눈물을 흘리시는 것을 목격하셨던 기억을 증언해주셨습니다. 스승님의 낙루落淚는 다시 소태산기념관을 건립하는 의미가 되었습니다.

"

서울회관 건립추진은 교단 반백 년 기념사업의 일환으로 추진되었으나 본의 아닌 난관에 봉착했으며 재가·출가 전 동지의 의지와 합력으로 전화위복의 계기를 삼고 거듭되는 수습과 추진 과정을 거쳐 십여 년이 되었습니다. 오늘 이 기공식은 우리들의 거룩한 뜻과 정성과 땀 위에 바탕 하여 이루어지는 새로운 출발입니다. 개인이나 교단이나 큰일을 목표하고 나가는 데는 때로 진리의 시험이 있고 온통 빼앗기면 온통 주는 이치가 있는 것입니다. 우리는 그 시련을 슬기롭게 극복하고 확고한 신념으로써 그간의 정성과 노고가 결실을 맺고 진리계로부터 인증받을 수 있도록 더욱 노력하여야 하겠습니다.

앞으로 이 회관은 교도님들의 복과 혜를 증진할 수 있는 적공실이 되고 훈련지가 되어 무등등한 대각도인, 무상행의 대봉공인이 무수히 배출되기를 바라며 교단의 중앙 활동이 강화되어 우리 교세가 내외로 크게 신장되고 정교 동심의 기연이 되어 국가 발전과 세계 평화 건설에 크게 기여할 수 있기를 기원하는 바입니다.

이 회관 건립을 계기로 일원대도의 광명이 시방에 두루 편만하여 구아救我·구가救家·구국救國·구세救世·구교救教로 전 인류의 행복과 세계 평화 증진의 큰 도약대가 되기를 거듭 심축 하면서 재가·출가가 호법 동지의 낯 없는 큰 정성과 합심 합력 있으시길 간절히 바랍니다.

[서울회관 기공식에서 대산 종사 설법 中]

"

2016년(원기 101년) 2월 25일에 서울회관 철거를 위한 봉고 기도식을 마치고 40여 년의 역사를 마감하는 철거공사가 시작되었습니다. 철거 전문 업체의 거대한 기중기들과 먼지가 가득한 가운데 꼭 100일 동안 이어졌습니다. 서울회관이 대한민국 수도 서울에 40년 뿌리를 내렸다면 새로 지어질 소태산기념관은 세계 교화의 샘터가 될 것입니다. 지은 지 40여 년이 된 서울회관은 몇 번의 리모델링을 거쳤지만, 각종 하수관로의 막힘이 계속되고 기능 저하로 재건축의 필요성이 대두되었습니다. 이후 원불교 100년 기념 성업 사업으로 채택되고 5년 여간 타당성 조사와 2종 주거지역으로의 사업변경이 이뤄졌습니다. 그러나 건축비 부족과 대중들의 호응이 원만하지 못했습니다. 재건축 설명회와 공청회

로 추진 동력을 확보하고 경산 종법사의 염원으로 말미암아 사업은 구체화 되었습니다. 철거를 앞두고 서울교구와 원음방송 이전 등으로 어려움을 겪기도 했습니다만 대의는 물같이 합하고 공의는 신성으로 따르는 대화합으로 철거에 이르게 되었습니다. 철거 과정 중 먼지 발생, 땅 울림, 조망권 방해 등에 대한 시민들의 민원이 있었지만, 몸을 낮추는 기도 정성과 관공서의 협력으로 극복할 수 있었습니다. 생각해보면 하루하루 조마조마한 시간이었습니다.

2016년 8월 8일
무더운 여름날 서울회관 철거 현장에서

02 사람과 우주를 잇는 태극의 띠가 있는 이 곳

　소태산기념관은 단순하지만 친근한 사각형의 업무동(비즈니스동)과, 세상의 시름을 쪄내는 솥 모양 혹은 희망을 전하는 종鍾과 그릇을 닮은 원형의 형태로 나뉘어 있습니다. 사람과 우주, 몸과 마음, 도시와 자연, 종교와 문화로 나누어 볼 수 있으며 둘은 태극의 띠로 연결되어 있습니다. 지하 4층에서 종교동이 있는 지상 3층 옥상까지는 한 몸이며, 시원한 옥상 명상 정원과 업무동 2층이 태극의 띠 형태로 이어져 있습니다.

　안동의 하회마을과 계룡산이 그리고 원불교 영산 성지가 산태극 수태극의 명당이라고 합니다. 태극은 우주 만물의 근원이자 통일체이기에 소태산기념관은 음과 양이 하나로 조화를 이뤄 한강과 남산을 품고 있는 새로운 정신문화의 터전이 될 기반을 갖추고 있습니다. 또한, 태극은 순환의 뜻이며 강과 땅이 소통하고 몸과 정신이 조화를 이루고 원불교와 세상이 하나로 만나는 통로가 되어야 한다는 사명을 깨우는 메시지입니다.

소태산기념관의 태극은 소태산 대종사의 일원─圓으로 다시 태어났으니 사람이 태극이 되어 원만성, 영원성, 소통성을 갖춘 생기를 회복한 새 부처님들이 많이 나오는 터전이 되기를 기도합니다.

모두가 태극의 기운으로 은혜를 발견하고
평화를 이야기하고 통일을 숨 쉬게 하며
생명과 환경의 대안이 솟아나기를 염원합니다.

2017년 3월 10일
태극의 기운이 흐를 소태산기념관을 떠올리며
흑석동 현장에서

"
건축은

시간의 정지, 풍경을 드러내기 위해서 지구 위에 쓴 철학이다.

스베레 펜 (1997, 프리츠커 건축상 수상)

"

03 뿌리 깊은 나무와 같은 토목공사

소태산기념관의 기초공사가 시작되었습니다. 흙의 무너짐을 방지하는 흙막이 공사, 물길을 안전하게 돌리는 물막이 공사, 수많은 파일을 연결하여 무너짐을 방지하는 버팀보 공사로 대변되는 토목공사는 23개월의 전 공사 기간 중 무려 8개월 동안 진행되는 중요한 공사입니다. 높이를 추구하는 현대 건축물에서 기초공사의 중요성은 아무리 강조해도 지나치지 않습니다. 우리 기념관의 공정기간만 보더라도 건축에서 기초공사가 얼마나 중요한지 충분히 가늠할 수 있습니다.

건축에서 토목공사는 나무에 비유하면 뿌리에 해당하고, 인생에 비유하면 유소년기 전부라 할 수 있습니다. 좋은 흙이 있는 대지를 골랐다 하더라도 지하의 물과 바위를 제대로 다스리지 못한 건축물은 채 10년을 버틸 수 없다는 것이 토목 전문가들의 전언입니다. 기초의 중요성을 가르쳐주신 스승님의 법문을 온전히 받듭니다.

> 뿌리가 깊지 못한 나무는 무성할 수 없고 기초가 튼튼하지 못한 건물은 수명이 길지 못하나니, 만물의 생장은 먼저 그 뿌리를 깊고 튼튼하게 하는 것이 근본이 되고 만사의 경륜은 반드시 그 기초를 견고히 하는 것이 주가 되느니라. 우리가 목적하는 제생의세의 대도 정법도 먼저 그 뿌리를 찾아 더욱 깊고 튼튼하게 가꾸어야 할 것인바, 세상의 뿌리는 도덕이요 도덕의 뿌리는 회상이며, 회상의 뿌리는 불보살이요 불보살의 뿌리는 마음공부임을 알아서, 이 마음공부로 도덕을 살리고 세상을 구원하는 근본을 삼아야 할 것이니라.
>
> [대산 종사 법어 경세편 10장]

모든 기초의 중요성을 얘기하고자 하는 기도의 끝은 마음의 평화입니다. 세상 모두가 함께 골고루 잘 사는 것이 평화입니다. 평화는 본디 생존의 기초입니다. 평화는 소태산 대종사의 은혜 관계요, 부처님의 자비 세상이라 할 수 있습니다. 평화를 다시 회복하는 길은 사상누각沙上樓閣의 욕심을 걷어내고 삶의 기초인 평화의 대동 세상을 열어가고 실천하는 것입니다. 소태산기념관에서 기초를 잊지 않고 살아갈 평화의 길을 어서어서 힘차게 맞이하고 싶습니다.

2017년 10월 2일
지하 23m 뻘을 걷어내면서 시궁창 냄새가 코를 찌르던 날

04
한 과정, 한 동작마다 의미가 있다

이른 새벽 5시 30분이면 건설현장은 작업 준비를 완료하고 잠시 후 흙 파기를 시작하는 굴착기 소리로 활기가 돕니다.

23개월의 건축공정 기간 중 8개월의 기초 토목공사를 마치고 11월 6일, 지하 1층 바닥에 첫 콘크리트 타설打設 작업을 진행했습니다. 레미콘 차량 32대 분량의 192㎥(한 대당 약 6㎥), 이렇게 숫자로 표현하면 실감이 잘 안 가는 엄청난 부피였습니다. 1,300여 평의 지하층 첫 구간이 모습을 드러낸 것입니다.

건축에서 타설은 '채워 다진다'는 뜻으로 건물을 지을 때 구조물의 거푸집과 같은 공간에 콘크리트를 부어 넣는 행위를 말합니다. 거푸집에 타설했다는 것을 다시 말하면 이제부터 지상으로 건물이 올라가는 첫걸음을 내디뎠다는 것입니다.

소태산기념관의 기도문에는 건축 불사의 진행 과정에 평화를 염원하며, 안전한 작업환경과 노동자들의 건강을 기도하는 내용이 담겨있습니다. 모든 공정, 모든 과정 하나하나가 소중합니다.

건축은 철학과 종교, 문화, 역사를 품에 안은 종합예술의 결과물이라고 합니다. 한 과정 한 동작 속에 삶이 있고, 의미가 담겨있습니다. 우리 선조들도 첫 삽을 뜨거나 상량식을 할 때 건축 과정마다 의미를 담아 술잔을 올리고 안녕을 기원하면서 건축물을 지어나갔습니다.

콘크리트 타설 첫날은, 6개월 동안 땅속 구조물을 완성해 준 토목공사에 대한 감사와 더불어 건물이 이제 세상에 얼굴을 드러내기 시작했다는 의미를 담고 있습니다. 콘크리트 바닥에는 작업 공구들이 쌓일 것이고, 작업자들의 지친 몸과 마음을 달랠 휴식공간이 될 수도 있을 것입니다.

콘크리트가 잘 굳도록 물을 뿌리고 바닥에서 올라오는 수분을 차단하고 땅 위에서 올라오는 발암물질인 라돈가스 등을 차단하기 위해 비닐을 덮는 꼼꼼한 과정이 진행됩니다.

안전을 최우선으로 진행하는 소태산기념관 건설현장은 오늘도 평화의 기도로 깨어납니다. 건축공정이 이소성대의 정신으로 진행되며 은혜의 도량으로 거듭날 수 있도록 현장을 꼼꼼히 지켜보고 있습니다.

2017년 11월 7일
뻘 흙냄새와 땅의 온기 그리고
지하수가 계속 흘러내리는 과정 중에
추위가 시작되는 날

05 한강과 소태산기념관

한강은 백제 시대에 위대한 강이라는 뜻의 욱리하郁里河라 불렸고, 광개토대왕비에서는 아리수阿利水라 칭했습니다. 지금까지의 우리 역사에서 한강은 한반도 중앙을 흐르는 생명수가 되었고, 강 유역에서 풍성한 곡물을 얻고, 외교와 물류, 교류의 중심으로 자리했기 때문에 예로부터 한강을 차지한 국가가 우리 민족의 중심 국가가 되었습니다.

1953년 이후 우리 경제의 급속한 성장을 뜻하는 '한강의 기적'이라는 말은 개발도상국에서 선진국으로 성장한 대한민국을 설명할 때 자주 쓰는 말입니다. 한강은 2천 5백만 수도권 시민들의 수자원으로 생명의 에너지원이며, 관광과 교통을 잇는 국토의 대동맥으로 자리매김하고 있습니다.

새 세기를 준비하는 원불교 100년을 보내면서 우리는 이제 다시 바다로 이어지는 큰 강 앞에 마주해 섰습니다. 이토록 우리 역사에 위대하고 큰 한가람(한강)의 중심 위치, 민족의 영웅들을 품어 안은 국립서울현충원으로 향하는 동작대교와 백로가 놀던 나

루터라는 노량대교(한강대교)의 중간지점에 소태산기념관이 곧 모습을 드러내 자리 잡습니다. 동해의 기운을 듬뿍 받아 안은 밝은 해와 석양의 아름다움이 동시에 드리우는 위치에 원불교의 새 건축물이 들어서는 것은 남다른 의미가 있습니다. 건축에서는 빠른 시공 능력, 세심한 품질 관리, 경쟁력 있는 가격 책정만큼이나 건축물을 생명의 언어로 다시 탄생시키고 사상의 에너지를 불어넣는 일, 지역공동체와의 어울림이 중요하다고 봅니다.

소태산 대종사께서는 1924년(원기 9년) 3월 산업혁명의 상징이던 증기기관차를 타고 경성역으로 가는 창가에서 한강을 만났을 것입니다. 그리고 남산에 올랐을 때 눈 앞에 펼쳐진 한강은 대종사께 과연 무엇으로 다가왔을까요? 그 어려운 시기 소태산 대종사께서 서울을 백 번 이상 다녀간 가장 큰 뜻은 무엇이었을까요? 제자들을 만나는 일, 선진 문명을 시찰하는 일을 뛰어넘는 깊은 사유와 예언이 담겨있었을 것이라고 짐작할 따름입니다. 그러한 사유의 힘은 소태산 대종사를 그저 과거의 공간에 가두지 않고 현재 우리가 세워나갈 사명의 공간으로 불러내게 합니다.

한강 변에 세워질 소태산기념관은 우리에게 지금 단순히 또 하나의 원불교 건물을 짓는 것이 아님을 일깨워줍니다. 정신개벽과

물질개벽의 병진으로 이제 다시 태어나야 함을 일러주고, 한강이 그렇게 흐르듯이 우리도 그렇게 새로운 혁신이 흐르도록 다짐하게 합니다. 소태산기념관 건축은 원불교가 교조 소태산 대종사의 이름으로 세상에 정신개벽의 그 정신을 이어가겠다고 선언하는 것입니다. 1964년 개교 반백년기념사업회가 이루지 못했던 꿈을 참회의 마음으로 다가서서 이뤄내며, 새 교화의 발원지로 우뚝 서게 하는 것이 목표입니다. 또 교육과 훈련으로 끊임없이 생기의 발원지가 됨은 물론 봉공의 정신과 실천을 크게 드러내어 종교건축 문화자원으로서 공익성을 다할 것입니다.

소태산기념관은 소박하나 세련미를 겸비한 건축으로, 종교의 영성을 피워내는 기도와 천도 도량으로서 모두에게 열린 은혜 마당으로 자리매김할 것입니다. 소태산기념관의 건축 언어는 '일원을 담아 은혜를 짓다.'입니다. 개발의 시대에 한강의 기적이 경제

중심이었다면 앞으로 한강의 기적은 정신개벽을 바탕으로 이루어지기를 기도합니다. 오래전 한강이 국가의 땅을 넓히는 전쟁의 역사였다면, 이제는 세계가 한 가족임을 깨닫고 은혜로 상생상화相生相和하는 역사여야 합니다. 그 증명을 소태산기념관에서 우리가 해야 할 차례입니다. 소태산기념관을 나침반과 돛단배 삼아 산을 만나면 길을 내고, 강을 만나면 그 강을 타고 넘으며, 경계를 당할지라도 마침내 개벽의 새 시대라는 거대한 바다로 힘차게 나아갈 것입니다.

2018년 1월 28일
대종사님을 떠올리며

이 글의 완성을 위해 대종사님께서 오르셨던 남산공원 그 자리에서 몇 번이고 한강을 바라보며 2개월을 화두로 삼았습니다.

06 1300여 평의 현장을 돌고 돕니다

　스승님을 존경하며 마음에 모시는 일은 제 삶의 평화를 유지하는 기쁨입니다. 어느 봄날 스승님은 함께 이동하시며 저의 수행을 자세히 묻고 들어주셨습니다. 그런데 한참을 가시다 "야! 어린이다." 하시며 당신의 머리를 톡, 톡, 톡 세 번 두드리셨습니다. 길을 가다가도 어린이가 보이면 "부처님이시다." 외치시고 다시 머리를 두드리셨습니다. 이유를 여쭈니 '어린이들은 하늘 사람으로 순수함의 상징'이라는 소태산 대종사 말씀을 이렇게 받들어 그들에게 좋은 사람이 되라고 상시 기도하는 중이라고 답변해주셨습니다.

　스승님은 이후로도 차에 타시면 늘 어린이들을 반갑게 맞이하시고 당신의 삭발한 머리를 두드리셨고, 어린이들이 지나가면 더욱더 안전운행을 부탁하셨습니다.

　2018년 2월 마지막 날, 보슬보슬 봄을 부르는 빗님이 건축 현장에도 내립니다. 여느 날처럼 점심시간을 이용하여 공사 현장을 둘러보고 이곳저곳을 살펴봅니다. 잠시 걸음을 멈추고 건축 현장의 노동자와 오늘 출입하는 레미콘 차량과 각종 공사 자재를 바라보는 저의 태도를 돌아봅니다. 그러다 문득 스승님을 떠올립니다. 1,300여 평의 공사장을 걸으며 이곳에 부처님의 자비가 온전히 머물기를 기도합니다. 다시 한 바퀴를 돌면서 영주靈呪를 걸음에 맞춰 독경합니다. 영주는 원불교 기도의식에서 쓰이는, 정신을 통일하여 천지의 기운과 나의 기운이 하나가 되기를 염원하는 주문呪文입니다. 사람이 천지의 신령스러운 체성에 합일하여 모든 번뇌 망상을 초월하고 천지의 위력을 얻기 위해 독송합니다.

천지영기아심정天地靈氣我心定
천지의 신령스러운 기운이 내 마음을 하나가 되게 한다.
만사여의아심통萬事如意我心通
모든 일이 나의 염원 따라 걸림이 없이 두루 통한다.
천지여아동일체天地與我同一體
천지의 기운과 더불어 내가 한 몸이 된다.
아여천지동심정我與天地同心正
천지의 순리처럼 내 뜻과 몸이 바르게 된다.

소태산기념관은 교도들의 기도와 정재淨財가 바탕이 되어, 세계를 한울안 삼는 새 성지로 선포하여 짓고 있습니다. 2018년 3

월 말 현재 지하 4층 마무리 공사를 비롯해 전 공정의 30%를 달성한 현장은 안전사고를 예방하기 위해 긴장감을 유지하고 있습니다. 각자의 위치에서 맡겨진 일을 성실히 수행하는 힘, 그리고 정직한 품질과 기술로 안전을 기원하는 주문으로 현장 몇 바퀴를 돌고 사무실로 오는 길에 스승님의 말씀이 떠오릅니다.

"

자기 마음 가운데 악한 기운과
독한 기운이 풀어진 사람이어야
다른 사람의 악한 기운과 독한 기운을
풀어 줄 수 있나니라.

[원불교 대종경 요훈품 30장]

"

2018년 2월 28일

아침마다 작업현장을 2바퀴 돌며 영주와 염불을 했습니다.
업자 선정의 순간을 맞이할 때의 긴장감을 해소할 때도
걷기 염불은 좋았습니다.

07 안전이 곧 평화다

아침 회의 시간에 건축 현장의 안전을 위해 직원들과 함께 기도로 시작합니다. 이어 현장을 둘러보며 어제의 공사 진척 정도를 듣고 질문합니다. 자연스럽게 오늘 이루어질 작업에 대한 질의응답으로 이어집니다. 건축 현장에 접근하는 우리가 빠트려서는 안 되는 안전 수칙은 안전모와 안전화를 반드시 착용하는 것입니다. 건축 현장 책임자에게 가장 큰 난관은 사고인데, 사무실로 오는 길에 현장 실무과장에게 현장의 안전을 위한 가장 기본은 무엇이냐고 물었습니다. 그는 조금도 망설임 없이 '정리정돈', '보호구 착용', '사람 우선'이라고 명쾌하게 답했습니다. 세 가지 답변 모두 안전과 직결되는 사항입니다. 정리정돈을 해야 사고가 일어나지 않으며, 보호구를 착용해야 만일의 사고에도 상해를 덜 입으며, 사람이 우선이라는 철학이 있어야 안전을 담보할 수 있다는 명확한 논리입니다. 건설사업장에서 안전은 몇백 번을 강조해도 지나치지 않은 평화로운 현장 진행을 위한 전제 조건입니다.

공사 현장에서 안전을 지킨다는 것은 곧 사람의 목숨을 지키는 것이고, 수백 번 확인해도 부족하지 않은 우리들의 일상을 지키는 평화의 다른 이름이 아닐 수 없습니다. 우리 건설 현장 지하 9m에는 한강으로 향하는 동작구 하수 관로가 설치되어 있습니다. 그 하수도가 무너지지 않도록 수많은 안전장치를 해놓고 있어 다행이지만, 그 안에서 공사를 진행하는 노동자 형제들을 보면서 늘 기도합니다. 안전을 향한 저의 기도가 산처럼 깊고, 밝은 태양처럼 희망과 용기로 빛나서 그들을 지켜주기를 간절히 기원합니다.

안전을 실천하는 의식이 생활 속에 뿌리내리는 것이 곧 평화라고 생각합니다. 안전으로 이끌어가는 제도가 튼튼히 자리 잡는 것이 곧 평화입니다. 안전한 사회를 가능하게 하는 인프라가 넉넉한 사회가 평화로운 사회입니다. 공사 현장의 기계 소리가 커질수록, 건설의 기운이 힘차게 자리할수록 사람과 생명에 대한 존엄한 가치는 더욱 존중돼야 합니다. 안전을 제대로 지킬수록 우리 사회와 일상 속에 평화가 깃들 가능성이 더욱 커질 수 있기 때문입니다.

소태산기념관 건립 공사 현장에서 안전을 기반으로 건물과 사람에 들이는 정성과 노력만큼, 마침내 건물이 완성된 뒤 그 쓰임에서 공익성을 가득 담아내는 평화의 전당으로 자리매김할 수 있기를 서원합니다.

오늘도 어느 공사 현장에서 안전사고로 열반을 당하신 분들과 상처를 당하신 분들을 지키기 위해 서로 위로하고 건축주, 시공사, 행정관청, 노동자 본인 그리고 우리 사회가 모두 함께하기를 바라며 기도합니다.

2018년 3월 25일
노동자 한 분 한 분의 건강을 기원하며

08 누군가의 10분, 누군가의 평생

" 우리는 그 건물을 사용해야 하는 사람의 관점에서 설계를 시작해야 한다.

케빈 로치(1982, 프리츠커 건축상 수상) "

2018년(원기 103년) 5월 소태산기념관은 지하 4층까지 공사를 마치고, 곧 지상 10층을 올리는 공사 준비 절차가 진행 중입니다. 지상층 공사를 위한 각종 자재를 발주하고 공사 공정표를 점검하던 중, 오늘 아침에는 기념관에 설치할 승강기 공사 현황을 살펴보게 되었습니다. 승강기의 중량, 모양, 속도, 디자인, 재질, 스크린화면 설치, 예산 등에 대한 보고와 비교평가를 거쳐 토론을 통해 그 방향을 잡아갔습니다. 장애인을 위한 승강기 버튼 문제를 논의하면서 문득 오래전 기억을 떠올렸습니다.

  2003년 봄 원불교 인권위원회를 창립하고 초대 사무총장을 맡았던 시절, 장애인 이동권 보장을 요구하는 동지들과 거리 캠페인을 함께 했습니다. 휠체어를 이용하거나 장애가 있는 분들이 지하철, 버스 등 대중교통을 이용하는 15년 전 여건은 현재보다 훨씬 더 어려웠습니다. 지하철을 이용하고 싶어도 지하로 내려가는 휠체어 리프트가 없는 것은 물론이고 승강기 설치는 아예 설계 단계부터 빠졌던 시절이었습니다. 그분들이 지하철을 이용하기란 현실적으로 어려움이 매우 많았습니다. 그나마 설치된 느린 리프트를 이용해 지하로 내려가던 중 급기야 사망사고까지 이어졌지만, 서울시와 지하철 공사는 예산을 이유로 지지부진한 시간을 보냈습니다.

그러던 어느 날 장애인 이동권 보장을 요구하는 장애인 동지들이 서울역 지하철 선로에 휠체어를 옮겨놓고 위험하고 안타까운 시위를 했습니다. 잠깐의 시위로 어느 순간 서울역은 혼란에 빠졌습니다. 위험을 무릅쓰고 '장애인 이동권을 보장하라'고 처절하게 외칠 때 어느 할아버지의 장애인을 무시하는 차가운 고함이 들렸습니다. "야! 집구석에나 있지 뭐 하러 돌아다녀!" 였습니다. 그 순간 비통한 눈물을 머금은 이동권 연대 대표의 절규는 주변 모두를 숙연케 했습니다.

> 할아버지, 할아버지는 지금 10분 불편하시지만
> 우리는 평생을 불편하게 살아가야 합니다.
> 조금만 지켜봐 주세요. 죄송합니다.

장애인 이동권 보장 투쟁 이후로 지하철역마다 승강기 설치가 의무화되었습니다. 가끔 저는 가던 길을 멈추고 지하철 승강기 앞에 머물러 묵상을 하곤 합니다. 장애인은 더불어 살아가야 하는 우리의 이웃이며, 민주주의 사회에서 자유와 권리를 마땅히 누리고 행사하는 사회 구성원임을 잊지 말아야 합니다.

2019년 3월 준공을 앞둔 소태산기념관 승강기 설치 공사를 시작하면서 작은 기도를 올립니다. 승강기를 이용하시게 될 장애인 분들이 만족스러워하시는 모습을 상상합니다.

"와~ 정말 편리합니다!"
"안전합니다!"

2018년 5월 18일
장애인분들에게 편리한 건물이 되기를
기술자 회의에서 부탁하며

09 이 돌은 어디서 왔나요?

오늘은 소태산기념관 정문에 있는 도로 바닥에 깔 잡석雜石이 들어왔습니다. 콘크리트로 뒤덮을 길 아래 깔려 든든한 지지대 역할을 할 돌입니다. 세계인들의 만남과 한울안의 쉼터가 될 소태산기념관은 2019년 3월 완공을 목표로 힘차게 지어지고 있습니다. 그 정문 앞 도로 바닥을 견고하게 할 이름 없는 잡석이 차에서 내려지는 모습을 보다가 묻습니다.

"돌들아, 너희는 어디서 왔니?"
돌을 실어온 이들에게도
"이 돌은 어디서 왔나요?" 하며 반가운 인사를 나눕니다.

서울을 비롯해 수도권 공사 현장에서 사용하는 도로용 잡석은 주로 경기도 남양주, 포천 등에서 실어온다고 합니다. 우리 기념관 공사에 쓰일 돌은 남양주에서 온 것입니다. 어릴 때 뛰어놀던 육신의 고향인 함열과 황등에는 아름답고 신비로운 돌이 많았습니다. 어린 시절 일찍부터 돌을 장난감 삼아 놀며 가까운 돌산으로 소풍 가곤 했습니다. 돌산에 가면 이곳저곳에서 부처님을 조각하는 석공들을 흔히 볼 수 있었는데 부처님 머리 위에 올라앉아 일하는 대단한 특권(?)을 누리는 그들의 손놀림은 감탄스러웠습니다.

화강암 매장량이 풍부한 황등에서 생산되는 화강암은 조직이 치밀해 단단하고 풍화 저항성이 뛰어나 일제 강점기에는 조선총독부, 한국은행 등 대표적인 근현대 건축물의 재료로 많이 쓰였습니다. 1973년 이후에는 석재 산업화의 바람을 타고 국회의사당, 국립현충원, 청와대 같은 국가기관과 대구 동화사 같은 큰 절의 불사에 이르기까지 최고의 재료로 쓰여 그 명성이 자자했습니다. 어릴 때부터 돌과 친해진 인연 탓인지 살아가면서 만나는 큰 바위, 거친 자갈, 해변의 조약돌을 보면 정겨운 친구를 만난 듯 반가움이 새록새록 듭니다.

오늘 남양주에서 가져온 이 잡석은 앞으로 우리 건물 앞 아스팔트와 콘크리트 밑에서 햇볕의 따스함도 잊고, 숨도 쉬지 못한 채 어둡고 낮은 도로 밑에서 짓눌리며 맡은 소임을 다하게 될 것입니다. 어쩌면 도시의 빌딩 속에서 편하게 생활하는 우리는 까맣게 잊고 살아가는지도 모릅니다. 우리의 안전을 지키는, 건물

기반을 다지고 골조를 세우며, 벽체를 이루는 돌 한 조각, 철 한 토막, 시멘트 한 줌, 물 한줄기의 어마어마한 고마움을 말입니다.

돌은 세상의 근심 걱정을 다 받아주고 안아주는 윤선도의 오우가五友歌 속 친구가 되기도 하고, 개벽의 성자 소태산 대종사의 글 '변산구곡로邊山九曲路에 석립청수성石立聽水聲이라. 무무역무무無無亦無無요 비비역비비非非亦非非라'에서는 도를 깨닫는 화두話頭로 살아나기도 합니다.

> 서울시 동작구 현충로 한강 변에서
> 시민들의 대공원이 될 소태산기념관에서 쓰는 모든 돌은
> 다시 생명을 얻게 되리라.
> 기념관 땅속의 돌, 콘크리트 속의 돌, 공원 안의 돌 모두
> 자본과 물질의 개벽을 넘어
> 정신의 개벽을 안겨줄 생명의 돌,
> 평화의 돌로 영원하리라.

2018년 5월 26일
공사장 출입구에 쌓여가는
모래와 돌을 실어온 운전기사와 대화를 나누며

10
노동은 정직을 품은 신성이다

　2018년 5월 31일 현재 지하 4개 층을 완성하고 전체 공정률 34%를 달성 중입니다. 원불교 중앙총부 일부가 자리할 지상 10층의 업무동과 서울교구청, 한강교당이 자리 잡을 지상 3층의 종교동으로 나뉘어 있는 태극으로 연결된 하나의 건축물입니다.

　초여름 30도의 더위를 온몸으로 견디며 건물을 짓는 건축 현장에서 염불과 영주를 독송합니다. 노동자들의 건강과 안전, 행복을 비는 저의 기도는 이제 일상이 되었습니다. 잠시 걸음을 멈추고 철근 이음 작업을 하는 현장 노동자 한 분의 뒷모습을 바라봅니다. 소태산기념관의 일부가 될 부분을 맡아 작업에 몰두하고 있는 저분은 집으로 돌아가면 한 가정의 가장일 것입니다. 그 가정의 가족들 건강도 함께 기도하다보니 처처불상處處佛像 의 살아있는 부처로 다가옵니다.

　다시 현장을 한 바퀴 돌며 콘크리트 타설 중인 노동 형제들의 이마에 흐르는 땀방울을 바라봅니다. 레미콘 트럭에 이어진 고무의 압송 호스를 타고 내려오는 콘크리트 덩어리는 태산처럼 무겁습니다. 저에게는 저분들이 세상 시름 다 짊어진 관세음보살로 보입니다.

서울 하늘을 바라보다 50m 높이의 타워크레인에 올라 작업 중인 노동자에게 안전 기도를 전합니다. 어릴 적 하늘에 있다고 믿었던 그 하느님과 지상에서는 보이지 않는 그의 앉은 자리가 겹쳐집니다. 내화耐火페인트 작업 중인 지하에는 환풍기가 쉬지 않고 돌아가고 있지만, 페인트 냄새는 좀처럼 가시질 않습니다. 방독 마스크를 쓴 채 작업하는 손놀림을 멈추지 않는 노동자의 뒷모습을 바라보며 세차게 돌아가는 환풍기 날개에 저의 기도를 함께 보냅니다.

노동은 진실입니다. 밥이고 평화입니다. 진실한 노동의 땀방울을 편의와 이익을 위해 정규직, 비정규직으로 가르는 것은 평화가 아닐 것입니다. 평화는 모두가 주인인 자리입니다. 노동은 정직을 품은 신성神性입니다. 누가 법당에만, 예배당에만 신이 있다고 했습니까? 노동이 곧 하늘임을 현장의 뜨거운 태양 아래에서 깨닫습니다.

   소태산기념관은 노동자 한 분 한 분의 뒷모습을 소중히 기억할 것입니다.
   소태산기념관은 노동자 한 분 한 분의 망치 소리를 잊지 않고 새길 것입니다.
   노동은 평화를 이루는 몸이며, 이미 우리는 일원으로 하나입니다.

2018년 6월 1일
노동의 신성함을 다시금 깨달으며

사람을 돌보는 일,
노동의 신성

"
건축가의 일은 건물을 만드는 일이다.
하지만 나는 진정으로 가치 있는 일은
사람들을 돌보는 일이라고 굳게 믿고 있다.

반 시게루(2014, 프리츠커 건축상 수상)
"

11 바닥

2018년 6월 서울의 낮 기온이 28도를 웃도는 무더운 날씨가 이어지고 있습니다. 대지면적 5,929㎡(1,796평)에 총바닥면적 26,348.85㎡(7,984평)의 지하 4층, 지상 10층(48.85m)인 소박하면서도 세련된 건물의 모습을 상상하곤 합니다.

공사 현장 여기저기를 둘러보다 지하 4층 건축구조물 기초바닥에 궁둥이를 붙이고 앉아봅니다. 아직 마무리 공사 중인 바닥에 귀를 대고 지하수 흐르는 소리를 들어봅니다. 풍화암 위에 박혀있는 기초 파일과 한 몸이 되어 단단해진 바닥에 제 마음이 든든해집니다.

흙 위 두께 800~1,000㎜의 철근콘크리트 바닥은 순수 건축물 21만 3천 톤의 하중을 견뎌야 하기에 일반층 슬라브 두께에 비해 8배 두껍습니다.

어린 시절 동무들과 구슬치기하며 뛰어놀던 평평한 땅바닥이 그립습니다.

할머니께서 고추와 벼를 말리던 집 앞마당이 그립습니다.

하루가 끝날 무렵 지친 제 몸을 무조건 받아주는 방바닥이 새삼 고맙습니다. 육중한 제 몸을 지탱해주는 발바닥에 감사를 전합니다. 발바닥은 똑같은 내 몸이건만 그동안 얼굴과 너무 차별했음을 사과합니다. 수건도 다르게 쓰고, 보이지 않는다고 세심히 챙기지 못함을 사과합니다.

소태산기념관이 모습을 드러내며 완성될수록 디자인에 밀리고, 화려한 조명 때문에 잊히고, 편의성과 자본 중심으로 기능이 바뀔 때도 저는 바닥을 기억할 것입니다. 요란한 기계 소리와 수많은 물건에 가려 바닥의 중요성이 잘 보이지 않아도 저는 오늘의 지하 4층 바닥을 잊지 않고 떠올리겠습니다. 지치고 힘든 하루의 제 육신과 마음을 가만히 받아주는 방바닥처럼 이 지하 4층 바닥도 이 공간에서 일어날 세상의 많은 시름과 이야기를 묵묵히 받아주며 건축물을 지켜낼 것입니다.

"바닥이 나를 받아주네!"라며 노래할 것입니다.

2018년 6월 9일
바닥은 끝이 아닌 시작이자 어둠이 아닌 출발임을 자각하며

12 솥을 걸다

　소태산기념관은 여름 장마가 시작되기 전 지하 4층 공사를 마무리하고 업무동 지상 10층 건물의 1층 바닥 콘크리트 작업을 마쳤습니다. 현재는 종교동 지상층 철골 작업 중입니다.

　어제부터 시작한 공사는 6월 말이면 종교동의 상징인 둥근 솥 모양의 구조물을 만들어낼 것입니다. 무게 12톤에 높이 18m의 9개 큰 기둥column, 1층 바닥과 2층 바닥, 3층 바닥을 받쳐줄 각 8개의 큰 보girder와 작은 보beam로 구조 틀을 만듭니다. 둥근 솥 구조물이 완성되는 순간입니다.

사람, 평등, 몸을 상징하는 사각형의 업무동 건물과 정신, 담는 다, 포용, 우주를 상징하는 둥근 솥 형태의 종교동으로 나뉘고 그 연결은 태극으로 이어져서 음양이 조화를 이룬다는 의미입니다. 업무동과 종교동이 하나로 완성되면 온전한 사람 모형이 되는 것입니다.

주역에서 정괘鼎卦는 50번째 괘로서 위는 불, 아래는 바람(또는 나무)입니다火風鼎. 앞의 혁괘革卦를 뒤집은 기호 모습입니다. 혁괘는 변혁을 상징합니다. 그런데 바꾸는 일만 계속된다면 사회는 안정됨이 없을 것입니다. 정괘는 변혁 후 안정을 도모합니다. 변혁 후 그 변혁을 다지고 굳게 하는 안정입니다. 정鼎은 발이 셋인 솥으로 안정의 상징이기도 합니다. 앞의 혁괘는 물불이 상충하듯 치열한 투쟁이 있는 변화입니다. 그러나 솥은 중간에 쇠가

있음으로써 물과 불을 완충시켜 쌀을 밥으로 만들듯 음식물을 변화시킵니다.

원불교 신문에 주역을 연재하는 원광대 임병학 교수는 "솥은 성인의 말씀을 익혀서 하늘에 올리고, 어진 사람을 기르는 역할

을 한다."고 정괘를 설명했습니다. 이것은 정산 종사께서 대종사의 대각을 받들어 교법을 제정함으로써 성현을 기르는 역할을 담당하는 것으로 설명할 수 있습니다.

둥근 솥을 상징하는 종교동에는 세계시민이 함께 사용할 약 600석 규모의 다목적홀과 교당의 대각전이 될 300석의 전용법당과 100여 명이 사용할 선실禪室 그리고 청소년 홀과 각종 회의실이 자리 잡을 예정입니다. 또한, 옥상 정원에서는 명상과 산책을 할 수 있도록 다양하게 꾸밀 예정입니다.

이 솥이 소태산 대종사의 개벽 정신을 받아 새 세상 평화의 밥을 지어낼 수 있기를 바랍니다. 이 솥에서 서로서로 없어서는 살 수 없는 은혜의 관계를 생성해내는 김이 모락모락 피어나기를 기도합니다. 이 솥은 억울하고 차별 없는 평등 세상을 향한 대동화합의 터전이 될 것이라고 확신합니다.

2018년 6월 25일
종교동 철골 구조물이
둥그런 솥 모양으로 나타나는 것을 보며

13 수건

출근 준비를 하며 세수 후 물기를 닦아내던 수건을 물끄러미 바라봅니다. 일상을 함께하는 벗과 같은 수건에 새삼스럽게 감사의 마음을 전합니다. 가방을 챙기며 주머니에 담긴 손수건을 발견하고는 문득 제 일터의 풍경을 떠올립니다.

소태산기념관 지상층 공사 현장은 1주일간의 장마가 지나가고 더위와 치열하게 싸움 중입니다. 가림막 없는 현장의 따가운 햇빛으로부터 노동자들의 얼굴을 가려주는 베일과 목을 감싸주는 면수건 그리고 머리를 보호하는 안전모 안의 두건까지 모든 것이 '수건'이라는 한 이름으로 모여듭니다. 새삼 고맙고 은혜로운 물건이구나 하는 데에 생각이 닿습니다.

보이는 땀과 얼룩뿐만 아니라 마음이 탐진치貪瞋癡로 물들었을 때 '눈에 보이지 않는 수건'이 되어 어리석음을 닦아준 것들을 떠올립니다. 삶의 작은 웃음, 기쁨의 눈물, 인내, 성현의 말씀. 스승님과 벗님 등 마음의 수건들을 찬찬히 떠올리며 감사 명상을 올리는 밤입니다.

2018년 7월 12일
더위에 흐르는 땀을 닦아주는 노동자의 수건을 기억하며

14 그나마 괜찮습니다

제게 있어 가장 더웠던 여름은 2005년 인도양 쓰나미 피해 현장 봉사활동을 할 때였습니다. 국제긴급구호 활동 NGO인 (사)평화의 친구들이 구호기금을 준비하여 도착한 인도 남부 나가파티남Nagapattinam 지역은 섭씨 48도였습니다. 쓰러진 학교와 집을 복구하고 도로를 정비하고 그 지역 시장에서 사들인 구호품을 나누어주는 활동을 했습니다. 지금 떠올려봐도 그때의 더위가 다시 밀려오는 듯합니다. 올여름 한반도의 불볕더위는 인도네시아, 미얀마, 인도 등 남부 아시아지역의 더위와 맞먹는 것 같습니다.

2018년 7월 21일, 소태산기념관 건축 현장은 이른 아침부터 37도를 넘나듭니다.

최근 폭염으로 공사 현장의 노동자들이 열사병으로 사망하는 안타까운 사건들을 접하며 현장의 안전에 더 신경 쓰고 있습니다. 기념관 작업 현장의 폭염 대책은 30분 일찍 시작하고 점심시간 30분 추가 확보, 식염수와 얼음물을 충분히 제공하며 그늘막 배치, 안전요원을 추가 배치하는 것 등입니다. 오전의 공사 현장을 둘러보며 만난 노동자들의 모습은 심장이 시큰거려 차마 마주 보기가 어려울 정도였습니다.

그중에서도 용접 노동자를 며칠 동안 바라보며 든 생각이 있습니다. 콘크리트 타설 시 안전을 확보하기 위해 버팀이 되어준 대규모 철골을 제거하는 일, 서울교구청의 각종 철골과 빔을 붙여주는 용접 노동자들의 복장은 그야말로 불길로 뛰어들어 생명을 구하는 소방관을 떠올리게 합니다. 온몸을 감싸는 상하 가죽옷과 용접용 안전모, 가죽 신발에 용접봉을 들고 불꽃을 당깁니다. 현장 노동자에게 안전을 방해하는 어떤 불필요한 행동도 해서는 안 된다는 안전전문가의 조언을 유념하며 점심시간에 용접 노동자에게 말을 건네봅니다. 제게 되돌아오는 용접 노동자의 삶의 통찰이 깊게 배어있는 말씀에 제 코끝이 더 싸해지고 맙니다.

"너무 덥지요. 수분이라도 충분히 섭취하십시오!"

"교무님, 여름옷은 뒤쪽이 열려있어서 그나마 괜찮습니다."

'용접공'이라는 공식 자격증을 갖춘 전문 노동자지만 용접 작업시 나오는 니켈 등의 영향으로 폐암 발생률이 높아 산업재해로 인정받는 실정은 안타깝습니다. 연일 무더위가 계속되는 각종 공사 현장에서 용접에 임하고 있는 모든 용접 노동자들의 건강을 기원합니다. 용접鎔接이란 같은 종류 또는 다른 금속재료에 열과 압력을 가하여 고체 사이에 직접 결합이 되도록 접합시키는 것을 뜻합니다.

한여름 기념관 건축 현장에서 '용접'의 의미가 더 뜨겁게 제 마음에 들어옵니다. 내 마음에 진리와 스승과 은혜에 마음을 잇고 때로는 경계에 따라붙는 요란한 마음들은 기능이 끝난 철골들을 열로 녹여 툭~ 떼어내듯이 참회와 정진의 마음공부로 다시 37도의 일요일을 맞이합니다.

2018년 7월 22일
폭염 속 현장에서 용접 노동자들과 대화를 나누며

15 깻잎

    8월의 첫 주말을 맞이한 소태산기념관 공사 현장은 서남풍의 영향인지 불볕더위가 쉬어가는 듯합니다. 그늘막을 만들고 얼음물을 충분히 준비해 주지만 얼굴에 땀이 송골송골 맺힌 노동자들의 모습은 보는 이를 숙연하게 합니다. 저 땀을 흘려본 사람들은 말과 글이 겸손해지지 않을 수 없음을 체감합니다. 발로 뛴 인생 대학의 학점은 종이가 아닌 흘려낸 땀구멍에 새겨질 것입니다.

    공사장 빈터에 심은 토마토, 참외, 고구마, 땅콩, 아주까리, 호박을 바라보니 생명의 신비와 넉넉함으로 시멘트 철근이 주는 무거움을 잊게 합니다. 그중에서도 제 눈길을 자꾸 잡아끄는 것은 사무실 담벼락을 따라 심은 깻잎입니다. 돌과 시멘트 부스러기를 안고 자리 잡았지만 한 번은 뜨거운 태양 빛에 타죽고, 때로는 흙에 적응하지 못해 여러 번 모종을 다시 심은 끝에 겨우 뿌리를 내렸습니다.

    저는 가끔 물을 주고 그늘을 만들고 바람을 살피며 고마운 마음을 전하곤 했습니다. 오늘 점심 후 생생한 깻잎을 조심조심 따서 씹어보았습니다. 깻잎의 향기는 부드러운 식감과 함께 오랫동안 입안을 상쾌하게 만들어 줍니다. 그뿐만 아니라 식탁의 명약이라 불리는 깻잎은 철분이 풍부해 빈혈을 막아주고, 우리 밥상에서 빠지지 않는 깨소금의 부모이기도 합니다.

불볕더위에도 생명력을 발산하는 건축 현장의 깻잎이 어릴 때 어머니께서 식은 보리밥에 대충 손으로 찢은 깻잎을 넣어 맛있게 비벼주신 맛의 추억을 소환시킵니다. 소태산기념관 옥상 정원에 만들어질 텃밭에 깻잎을 꼭 심고 싶습니다. 누구에게나 공평하게 전해줄 그 향기에 벌써 설렙니다. 심고 가꾼 만큼 자연의 힘을 보여줄 그 깻잎을 동반자로 생명의 신비를 체험하고 싶습니다.

한강과 소태산기념관 사이 300여 평의 공간에는 서울시와 동작구 지원으로 나무숲 가꾸기가 진행될 예정입니다. 옥상 텃밭이 땅의 부족과 관리자 선정의 어려움으로 이뤄지지 못한 점은 아쉽습니다. 그러나 시민과 함께 호흡하고 공유하는 기념관의 꿈은 진행형이어야 합니다.

2018년 8월 7일
소태산기념관에 생명의 텃밭이 자리잡기를 빌며

16 기념관 외벽 루버를 가로로 설치한 이유

소태산기념관의 외부 마감 공사로는 업무동에 복합 단열 커튼월 창(업무동과 종교동 저층부 창호)과 로이복층 유리(28㎜, 업무동 커튼월 및 종교동 저층부) 그리고 종교동 외장 및 외부계단과 벽체 등에는 알루미늄 시트 패널과 테라코타 패널 공사를 하였습니다. 건물의 효율성, 견고성을 확보하고 예산 범위 내에서 그 해답을 찾고자 기술검토위원회에서는 수많은 회의와 현장 방문 등으로 좋은 제품과 경력 있는 회사를 선택하였습니다.

특히 건물의 외벽을 마감하는 루버의 설치는 소태산기념관만의 아름답고 멋스러움입니다. 루버는 공기나

빛은 들어오게 하면서 햇볕과 습기를 막기 위해 창문이나 문에 설치하는 것으로 움직이게 할 수도 있고 고정할 수도 있습니다. 소태산기념관의 황토색 루버는 고정형으로 원재료는 독일산 진흙입니다. 루버는 세로나 가로 혹은 변형된 형태로 설치할 수 있지만, 소태산기념관의 루버는 가로로 설치하였습니다. 그 이유는 원불교의 평등성을 상징하고 차별 없는 세상을 이야기하고 싶었기 때문입니다.

건축물을 지을 때 100명이면 100명 다 관여한다는 말이 있습니다. 소태산기념관 외벽을 설치할 때 통유리를 통해 실내가 그대로 노출되는 것으로 알고 많은 분이 걱정하던 생각이 납니다. 도시의 건축물들이 건축비의 절감과 편리성 때문에 마감을 유리로 설치하는 경우가 많습니다. 그러다 보니 햇빛 반사의 부작용은 물론 새들이 부딪혀서 목숨을 잃는 경우도 많습니다.

그런 측면에서 소태산기념관 업무동의 루버 부착은 평등성의 상징과 시대의 멋스러움을 담고 있으며 세상과 생명에 대한 깊은 사랑입니다. 루버 하나하나를 볼트로 고정하는 과정에서 노동자들과 많은 대화를 나누었습니다. 혹 바람이나 충격에 떨어지는 일이 없도록 단단히 조여달라고 당부했습니다. 차후로도 1년에

한 번 정도 나사의 조임 현상과 테라코타의 상태를 살피는 것은 앞으로의 과제입니다.

    건축물은 시대의 산물이며 사람의 정신을 깨우는 메시지라고 생각합니다. 세상의 평등을 화두로 던지고 있는 소태산기념관입니다. 차별로 억울함이 없는 세상, 차이를 인정하지 않는 무지한 인간을 향한 경고를 알리며 소태산기념관은 비바람을 견딜 것이고 수많은 사람을 일깨우는 일을 존재 이유로 알고 살아 숨 쉴 것입니다.

2018년 9월 10일
루버 설치 현장을 돌아보며

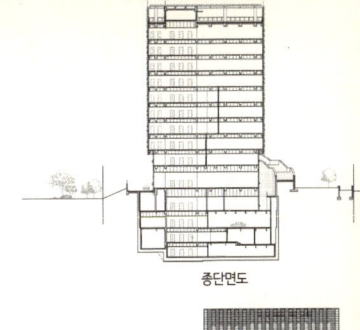
종단면도

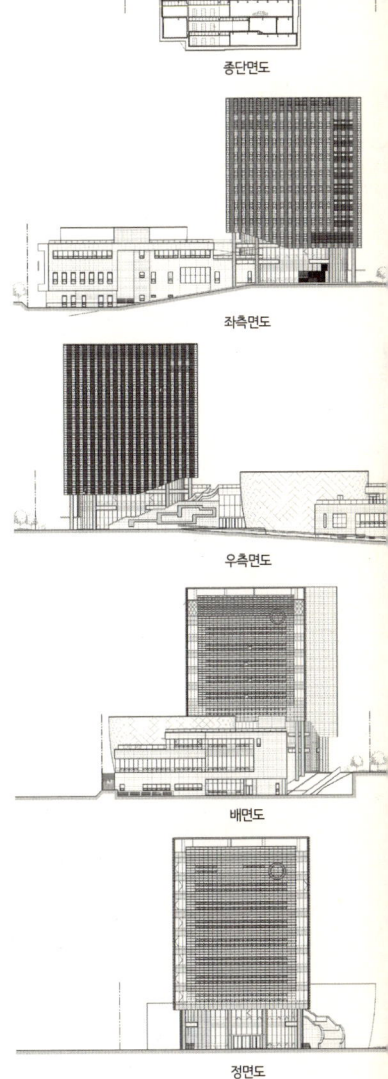
좌측면도

우측면도

배면도

정면도

> **"**
> 건축은 짓는 기술이다.
> 나는 건축이
> 이익의 창출과 삶의 질과 관련된
> 사치품이 아닌 필수품으로서
> 사회적 기술이라고 굳게 믿고 있다.
>
> 노먼 포스터(1999, 프리츠커 건축상 수상)
> **"**

17 세상에서 가장 큰 오케스트라

어린 시절 동무들과 뛰어놀던 무대는 농촌의 드넓은 들판이었습니다. 낮에는 개구리 울음소리, 밤이면 부엉이 소리를 음악 삼아 들으며 잠이 들곤 했습니다. 초등학교 시절, 마을 대표로 교회 초등부 찬송가 대회를 나갔지만, 너무 긴장했었나 봅니다. 무대에 오르자마자 풍금 연주가 시작되기도 전에 노래를 시작해 청중을 웃음바다로 만들어 버렸습니다. 그 긴장과 창피함에 노래를 멈춰버린 이후, 저는 곧잘 5명의 친구와 악기를 연주하며 음정과 박자를 멋지게 맞추며 노래 부르는 꿈을 꾸곤 합니다.

올해 한반도를 달궜던 유례없는 폭염에도 소태산기념관 공사는 현재 공정률 50%로 순조롭게 진행되고 있습니다. 감사한 마음과 함께 깊어지는 가을 하늘에 노동자들의 안전과 건강을 빌며 잠시 명상에

잠겨봅니다.

'뚝딱뚝딱' 망치 소리가 고저를 반복하며 기분 좋게 들려옵니다. 철근 자르는 소리 '쓱~~뚝', 거푸집을 받치고 있는 동바리가 부딪치며 내는 '댕그랑~댕그랑~' 소리는 경쾌하기까지 합니다. 레미콘에서 쏟아지며 바닥을 채우는 시멘트의 '쏴아아~' 소리, 차량이 들어오고 나가는 동안 들리는 안전요원들의 '호루라기 소리'와 작업반장들이 주고받는 무전기의 '송수신 소리'는 항상 긴장을 부릅니다. 땀과 불꽃을 동시에 내는 '용접기 소리', 지하실 천장 배관과 전기공사를 담당하는 작은 지게차들의 '뛰뛰뛰~ 후진 알림 소리'는 어린이 놀이터를 떠오르게 합니다.

공사장 가장 높은 곳에서 움직이는 타워크레인이 바쁘게 '자재를 올리고 내리는 소리'까지. 가만히 귀 기울여보면 건축 현장은 구성원들의 호흡이 중요한 오케스트라와 매우 흡사하다는 생각이 듭니다.

  노동자 한 분 한 분이 저마다의 자리에서 내는 공사 현장의 화음들이 모이고 쌓여 수많은 건축물이 되었겠지요. 사람과 생명은 사랑하기 위해서 또 사랑받기 위해서 탄생 되었습니다. 2018년 가을, 소태산기념관 건축 현장은 관악기, 현악기, 타악기들이 함께 모여 건축물을 빚어내는 세상에서 가장 큰 연주회장입니다. 100명 이상이 함께 호흡을 맞추는 이 연주단에 '소태산 심포니 오케스트라'라는 이름을 붙여주고 싶습니다. 물질이 개벽되는 시대, 물질을 올바르게 선용하여 정신이 개벽 되는 그 새로운 서곡은 이미 연주되고 있습니다.

2018년 10월 1일
경쾌한 망치 소리를 들으며

18 내 삶의 결속선은 잘 묶여 있는가?

결속선結束線은 철근과 철근을 잇는 가는 철선으로 보통 지름 0.8㎜ 이상, 길이 15~20㎝의 둘로 구부린 풀림 철선을 말합니다. 철근 배근에서 결속선의 역할은 철근이 부담하는 인장력을 증강하는 역할이 아니라 철근의 위치를 고정해주는 역할을 합니다. 하중 분산을 유지해 기둥이 한쪽으로 쏠림현상이 일어나 충격 등으로 무너지는 것을 방지해줍니다.

지하 4층 지상 10층 높이 48.85m의 소태산기념관은 11월 10일 현재 9층 바닥 콘크리트 타설을 준비 중입니다. 이른 아침 안전모와 안전화 등을 갖추고 감리단, 시공사팀들과 현장을 둘러보며 오늘은 특별히 철근과 결속선을 자세히 살펴보고 그 간격은 잘 지켜지고 있는지 또 빠지거나 풀린 곳은 없는지 묻고 또 확인해봅니다.

보통 12m 길이로 현장에 도착하는 철근 등은 때에 따라 용접을 통해 이음을 이어가는 때도 있고 결속선을 통해 그 단단함을 유지하며 건축물의 뼈대로 태어나기도 합니다. 저는 건축 책임자로서 또 이 시대의 평화 영성인으로서 철근 한 조각과 작은 결속선. 또 용접봉에 마음을 담아 기도하며 튼튼한 구조물을 그려갑니다.

건축 현장을 내 마음과 대조해봅니다.
내 삶의 결속선은 잘 묶여 있는가?
소태산기념관은 오늘도 살아서 저에게 무상설법을 하고 계십니다.

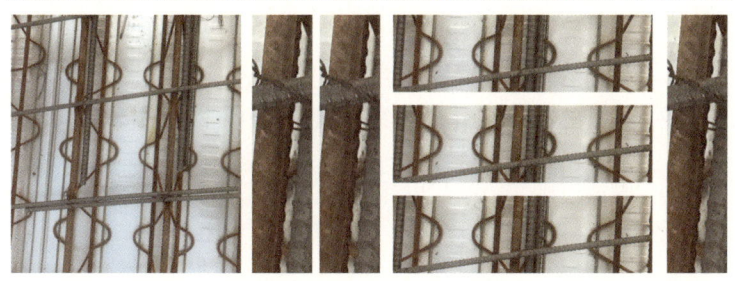

2018년 11월 9일
아침 조회 후 현장을 순회하며

19 몸은 알고 있다

전생의 업장이 밀려왔는지, 영광과 서울 두 곳을 오가며 일하느라 주말 동안 몸살감기로 온몸이 두들겨 맞은 듯 쑤시고 아팠습니다. 몸은 정직합니다. 몸은 짓지 않은 벌을 내리지 않습니다. 몸은 나를 살피는 정직한 척도입니다. 그동안 잘 살피지 못한 것을 사과하고 위로합니다. 앓아누운 이틀 동안 내 몸과 오랜만에 많은 이야기를 나눌 수 있어서 감사하고 행복했습니다.

들인 대로 얻게 되는 것 중에서 몸만큼 정직한 것이 있을까요? 누군가가 나에게 정직이 무엇이냐고 묻는다면 자기 몸을 잘 바라보면 그 답을 얻을 것이라고 말하겠습니다. 마음은 하루 수만 번 묘하게 출입을 반복하기에 관찰을 놓치기도 하지만 몸은 내 삶의 상태를 알려주는 쉽고 정확한 기준입니다. 소태산 대종사님은 일기법에서 '심신작용心身作用처리'를 기재토록 해 몸 공부, 마음공부를 병행하게 하셨습니다.

   건축물은 우리의 몸과 같습니다.
   뼈는 철근이고, 시멘트는 근육이며, 창문은 눈이라고 할 수 있습니다.
   소태산기념관이 완공되어 세상의 공물로서 그 역할을 다하고, 더불어 누수漏水 없이 튼튼한 기능을 다 할 수 있도록 마음과 뜻을 다해 만들어가고 있습니다. 겉에 새기지 않아도 건축 과정의 정직함을 건물은 스스로 느끼고 알고 있을 것입니다.

   오늘도 저는 마음을 다해 기둥이 완성되어 몸이 만들어지고, 눈코입이 생기고, 곧 피부도 입혀질 소태산기념관 곳곳을 살피고 있습니다.

2018년 11월 19일
두 번째 맞이할 겨울 추위를 앞두고 현장을 둘러보며

20 마지막 시멘트 타설을 지켜보며

2019년(원기 104년) 4월 말 준공을 앞둔 소태산기념관 업무동 10층 옥상 콘크리트 타설을 진행한 가슴 벅찬 날입니다. 지난 10월 25일 지상 3층 종교동 옥상 콘크리트 타설에 이어 완공을 향해 힘차게 발걸음을 내딛고 있습니다. 철근콘크리트 건물에서 마지막 골조구조체를 완성한다는 것은 대들보를 올리는 상량식에 해당합니다. 돼지머리를 올리고 막걸리 한 잔씩 나누는 대신 원불교의 자랑인 '경옥고'를 노동자들과 나누는 것으로 감사의 마음을 전하며 안전사고 없는 현장을 기도합니다.

2018년 12월 4일, 서울시 동작구의 오후 날씨는 영상 7도에 머물러 있습니다. 그동안 소태산기념관은 2년 여의 설계와 3개월간의 철거작업, 8개월간의 터파기 토목공사를 진행해왔습니다.

만 1년이 훌쩍 지난 2017년 11월 6일, 지하 1층 바닥에 첫 콘크리트를 타설하는 기쁨을 노래했던 날이 떠오릅니다. 그날은 레미콘 차량 32대, 모두 192㎥의 분량이 타설되었고, 오늘 타설하는 지상 10층 옥상에 들어가는 양은 65대 분량인 390㎥입니다.

건축이 시작된 첫해 겨울은 지하공사가 중심이었다면 23개월의 공정기간 중 두 번째 겨울은 지상에서 공사를 마무리하고 있습니다.

"현장에 답이 있다."라는 명제를 안고 사는 농부나 건축가들은 늘 날씨에 민감합니다. 그래서 요즘 저의 관심과 화두는 온통 날씨 변화에 촉각을 세우고 있습니다. 특히 영하로 떨어지는 한겨울 온도는 현장을 긴장시키는 천지의 실험장입니다. 날씨에 따라 타설한 콘크리트가 단단히 자리 잡는가 하면, 공사를 쉬어야 하는 경우도 생길 수 있습니다. 한편으로 우리나라의 뚜렷한 사계절을 다 거친 건물은 그만큼 잘 다져지고 굳어져서 그 안전성과 견고함이 우수하다고 하니 한편으로는 소태산기념관의 두 번째 겨울맞이가 감사함으로 다가옵니다.

수많은 비바람을 견뎌낸 소태산기념관 철근과 콘크리트는 살과 뼈가 한 몸이 되어 테라코타 패널, 루버, 금속 패널, 로이복층 유리로 겉옷을 갖춰 입고 경관조명과 조경 등으로 세상과 하나가 될 것입니다. 원불교의 서울 시대 랜드마크를 넘어 세상에 은혜와 공익의 역할을 다할 수 있도록 일심기도 올립니다.

2018년 12월 4일
10층 옥상에서

마지막 시멘트 타설 날은 날씨가 좋아지기를 기도했지만
10층은 강추위였습니다.

21 건축 폐기물을 화두로

연건평 7,900여 평 지상 10층, 지하 4층의 소태산기념관이 2019년 4월 말 준공을 앞두고 내부 공사가 이어지고 있습니다. 건축허가와 설계, 철거, 그리고 시공까지 지난 4년 여를 함께한 소태산기념관은 내 몸의 일부입니다. 제게 소태산기념관은 전체가 살아있는 큰 법당으로 다가옵니다.

시공 현장을 둘러보며 늘 아프고 아쉬운 것은 무수히 나오는 건축 폐기물을 바라볼 때입니다. 잘려서 버려지고 설계와 시공의 부조화로 나오는 폐기물들이 마음을 아프게 합니다. 4년 동안 저 건축물 하나를 완성하기 위해 얼마나 많은 폐기물이 발생했을까를 생각하면 두려운 마음마저 듭니다.

2019년 현재 대한민국 폐기물 관련 사업장에 방치된 폐기물이 85만 톤, 야산이나 창고에 버려진 불법 폐기물이 30만 톤으로 전량 소각 처리할 경우 연간 100억 원씩을 쏟아부어도 다 치우는 데 30년 가까이 걸리는 양이라고 합니다. 정부에서는 건축 폐기물을 줄이기 위해 재활용하는 회사에 인센티브를 주고 있지만, 그 효과는 미비하고 현장에서는 분류 수거를 할 수도 없는 구조입니다. 마음이 아프지만, 실행에 옮길 수 있는 지혜가 현재 제게는 부족합니다.

소태산기념관에서는 철근 종류 등은 분류가 잘 되고 또 전문 수거단체도 별도로 있어서 그나마 폐기물이 되지 않게 처리할 수 있었습니다. 또한, 이곳 현장은 폐기물이 땅에 묻히거나 바람에 날리는 경우는 거의 없어서 다행입니다. 그러나 아직은 많이 미흡하기에 쓰레기 제로를 위한 고민은 오랫동안 풀리지 않을 저의 화두입니다.

2019년 2월 13일
계속 늘어나는 건축 폐기물에 관해 생각하며

"

지속가능성은 존재하는 자원을 생산하고 배분하는,
보다 사회적으로 결합력이 있고, 경제적으로 효율적이며
환경적으로 건전한 방식을 찾아내는 것과 관련이 있다.

리처드 로저스(2007, 프리츠커 건축상 수상)

"

건축 폐기물을 화두로

22

얼마나 많은 사람이 오르내릴까

4월 말 준공을 앞두고 소태산기념관에 새벽 6시부터 소록소록 눈이 쌓입니다. 눈발이 날려 외벽 공사를 멈추고 내부 공사만 진행하고 있습니다. 2월 14일 목요일, 10층 건물에 총 4기의 엘리베이터가 운행될 예정인데 그중에서 화물과 사람을 수송하기 위한 한 대가 시범 운전을 시작했습니다.

1853년 엘리샤 오티스Elisha Graves Otis가 엘리베이터를 발명한 이래 대한민국 최초의 엘리베이터는 1910년 조선은행에 설치된 것으로, 수압식으로 운행되는 것이었습니다. 높은 곳을 오르기 위해 인간은 사다리, 계단, 동물의 힘을 이용한 도르래 등을 발명하며 편하고 빠르게 이동할 수 있는 기술을 개발했습니다.

작년 12월 이천에 있는 엘리베이터 공장을 방문하여 소태산홀에 들어올 엘리베이터 동력 장치를 보고 가슴이 뛰었습니다. 해가 바뀌고 오늘은 그 엘리베이터를 타고 오르며 기도합니다. 설계 시 장애인분들이 이용하는 데 안전하면서도 편리한 엘리베이터, 법문과 경구警句를 모니터로 볼 수 있는 최첨단 설비를 결정하기 위해 치열하게 토론했던 회의도 주마등처럼 스쳐 갔습니다.

어제 개통된 화물용 엘리베이터는 앞으로 대형자재를 운반하던 타워크레인, 철근과 파이프, 빔 등을 운반하던 크레인과 마감 자재를 옮겼던 스카이, 건물 외벽에 붙어서 화물을 운반하던 호이스트hoist의 역할도 대신할 것입니다. 덕분에 건물 외벽에서 건축을 돕던 이동식 이용물들이 제거되면 겉을 덮고 있던 외피가 벗겨지며 아름다운 건물 모습이 드러날 것입니다. 엘리베이터에 살짝 기대어 앞으로 이용할 분들의 안전과 행복을 기도합니다. 더 나아가 엘리베이터 버튼을 누르며 평화로운 마음이 챙겨지기를 바랍니다.

2019년 2월 16일
엘리베이터 첫 시연을 하는 날 아침에

23 집은 삶의 보석상자

> "
> 건축(집)은 삶의 보석상자여야 합니다.
> "

건축가 르-코르뷔지에의 말입니다. 소태산기념관이 24개월의 시공과정을 거쳐 외벽을 둘러쌌던 거치대들을 걷어내고 아름다운 모습을 드러내는 것을 바라보며 드는 생각입니다. 공공성을 중요시하며 시민들에게 열린 공간으로 자리할 보석상자에 담을 최고의 내용은 무엇이 되어야 하는지 묻고 답하고 또 기도해봅니다. 서울교구청과 한강교당이 담당할 영성의 서기를 생각하며 소태산 대종사께서 최초의 교당인 구간도실에 붙였던 그 이름을 다시 불러 성인의 지혜와 사명을 이어받고 싶습니다.

대명국영성소
大明局靈性巢

좌우통달만물건판양생소
左右通達萬物建判養生所

'대명국영성소'는 '크고 밝은 영성의 보금자리'라는 뜻이며, '좌우통달 만물건판양생소'는 그 역할로 '모든 주의와 사상을 막힘없이 통하게 하며 천지 만물을 새롭게 살려내는 곳'이라는 뜻입니다. 대종사께서 대각을 이루시고 낮에는 방언 공사를 하고 밤에는 구인 제자들과 공부하던 건축물인 '구간도실'에 혼을 불어넣은 이름입니다.

2019년(원기 104년) 3월 첫째 주, 소태산기념관에 상수도가 들어왔습니다. 철근과 콘크리트를 통해 형성된 뼈와 피부가 살아나고 생명수가 공급되는 순간입니다. 더불어 그동안 설치된 가설전기들을 걷어내고 고압선을 이어서 전기를 흐르게 하는 모습은 몸의 신경조직이 살아나는 것 같고, 도시가스가 공급되는 것은 몸에 맑은 피가 흐르는 것과 같습니다. 대소변을 내보낼 오배수관, 화룡점정이 될 인테리어와 경관조명등이 자신들의 시간을 기다리고 있습니다. 차근차근 천천히 왔습니다. 하나하나 떨어져 있던 작은 돌과 철근들이 서로 연결되어 빛과 바람과 시선이 창과 문을 통해 드나들며 큰 생명으로 살아갈 것입니다. 소태산기념관은 우리를 에워싸고 받아들이고 품어서 쉼과 행복을 주는 존재가 될 것입니다.

"모든 답은 위대한 자연 속에 있다."라는 건축가 안토니오 가우디의 말을 새기며 건물 주위에 바람길과 공기를 만들어 줄 숲을 가꾸는 바람을 가져봅니다. 묘목을 심어 성스러운 건축물과 함께 나이 들어가는 모습을 보고 싶습니다. 이곳을 운영하고 사용할 분들의 사명을 기쁘게 떠올리며 시간이 흐를수록 멋스러움을 더해갈 소태산기념관은 정신의 보석상자입니다.

원기 8년 건립된 영산원

원기 56년 건립된 반백년 기념관

2019년 3월 14일
봄바람이 심하게 부는 날 각종 관이 설치되는 건물 앞마당에서

원기 104년 완공된 원불교 소태산 기념관

24 우리 집 부처님은 누구인가?

　　1960~70년대 개발 붐으로 유년의 등굣길은 늘 흙먼지와 소음으로 가득했습니다. 당시 정과 망치 하나로 입상 부처님을 제작하는 석공石工들의 모습이 아직도 기억에 생생하게 남아있습니다. 50년이 지난 2019년 봄, 저는 그 석공들을 다시 만나고 있습니다. 소태산기념관 돌계단을 만드는 분들이십니다. 전동식 기계톱 사용과 보안경 착용 등 어린 시절 뵈었던 석공분들과 도구 착용이 바뀌었지만, 귀에 연필을 꽂고 흰머리 휘날리며 미소로 반겨주던 그 멋진 석수 그대로입니다. 지난 5년 동안 소태산기념관을 짓는 건축주 역할을 대행하면서 수많은 건축 노동 형제들을 만났습니다.

　　지하 토목공사 중 한강 변에서 올라오는 매캐한 진흙 냄새를 견디던 분, 인테리어 공사 중에 쏟아지는 뿌연 먼지가 마스크를 넘어 머리칼과 온몸에 내려앉은 분, 여름철 옥상에서 철근을 옮기던 중 쓰러졌던 분, 그런가 하면 사무실에서 각종 서류를 만드느라 밤을 새웠던 분들. 모두가 소중한 우리의 가족이자 형제자매들이었습니다. 그분들과 눈을 맞춰보면 그 분야 전문가로서 자기 이름을 걸고 나사를 조이고 페인트칠을 합니다. 건축을 종합예술이라고 할 때 한 분 한 분이 자신이 맡은 공정에서 주연입니다.

소태산 대종사님이 노동자들을 어찌 대하셨는지를 떠올려 봅니다.

>
> "귀교의 부처님은 어디에 봉안하였나이까?" 물으니 대종사 말씀하시기를 "우리 집 부처님은 방금 밖에 나가 있으니 보시려거든 잠시 기다리라" 하시더니, 조금 후 점심때가 되매 산업부원 일동이 농구를 메고 들에서 돌아오거늘 대종사 그들을 가리키시며 말씀하시기를 "저들이 우리 집 부처니라." 하시었습니다.
>
> [대종경 성리품 29장]

2019년 4월 15일
모두가 부처 되는 세상,
한 사람 한 사람을 자세히 보는 습관으로 공부하며

25
솥에 첫 불이 들어왔다

　5월의 둘째 날, 소태산기념관이 내부 공사까지 마무리한 저녁, 솥을 닮은 종교동 외벽의 등에 첫 불을 댕겼습니다. 그렇습니다. 불을 밝혔습니다. 솥 형상의 종교동에 점등을 하니, 하늘과 한강 그리고 땅에 동시에 개벽의 빛이 펼쳐집니다.

　솥에 불을 밝히는 까닭을 스스로 묻습니다.
　철골로 솥을 걸고 상량식을 한 지 330여 일 만에 솥의 몸에 불을 담아냈습니다. 불을 밝히니 머리끝에서부터 온몸을 타고 내려가 엄지발가락까지 닿자 제 몸에도 마치 불이 들어오는 느낌입니다.

　개벽의 빛 소식입니다. 차별 없는 새 삶, 모두가 부처 되는 새 세상의 신호입니다. 개벽은 영성 시대이니 마음공부로 내면의 불을 함께 밝히자는 빛의 언어가 되기를 기도합니다. 솥은 생명이니 모두에게 생명의 벗이고자 하는 수행자들의 영원한 화두입니다. 삼학 병진으로 솥에서 도인들이 콩 튀듯 나오기를 염원했던 스승님이 그립습니다.

"

대종사의 해중산海中山 법호는 음시대 법호요, 소태산少太山 법호는 양시대, 선절후계先絕後繼시대의 법호시다. 솥 정鼎 자도 뜻이 깊다. 모든 곡식이 솥을 거쳐 나와야 먹을 수 있는 밥이 되듯이 모든 법 도와 공부인의 언동이 법주의 감정을 맡아 나와야 새 기운을 빌어 쓰는 것이다.

[정산 종사 / 한 울안 한 이치, 돌아오는 세상]

"

나를 버리고 스승님께 귀의하며 오늘 내 마음에도 솥을 다시 걸고 불을 댕깁니다.

2019년 5월 2일
밤늦게까지 서울 소태산기념관에 불이 들어오는 것을 기다리며
기쁨을 맛보는 순간입니다.

26
사용 승인, 사회적 책무에 대해 생각한다

어제 2019년 5월 30일, 소태산기념관 건축물 사용승인이 나왔습니다. 건축법 제22조 및 동 법 시행규칙 제17조 규정에 따라 동작구청장으로부터 사용승인서를 받았습니다. 소태산기념관이 소방과 토지 등 모든 분야에서 사실에 마땅하다는 증서입니다. 그간 함께 땀 흘렸던 많은 분과 법신불사은님께 감사 기도를 드립니다. 서울시로부터 제2종 주거지역으로 인가를 받고 설계과정 2년, 시공과정 26개월, 철거 100일 등 5년을 지나왔습니다. 조마조마한 심정을 담은 기도는 안전사고 없는 현장으로 응해주셨습니다. 두근두근한 심정으로 간절했던 염원을 통해 건축의 진면목을 배울 수 있었습니다.

소태산기념관의 핵심 기능과 역할은 종교성, 공익성, 수익성의 세 가지입니다. 건축 과정에서의 기도처럼 튼튼한 구조, 편리하고 쾌적한 기능, 아름다운 마음이 쉼 없이 이어지기를 바랍니다. 건축집행위원장으로서 꼭 기억하고 싶은 것은 스승님의 일심염원, 노동자들의 땀과 눈물 그리고 합의를 위해 치열했던 수많은 공의의 과정입니다. 이제 더 깊게 새기고 기억하며 기도할 주의점은 소태산 대종사의 정신입니다.

> "
> 물질이 개벽되니
> 정신을 개벽하자
> "

2019년 5월 31일
승인을 받았지만, 조건부 승인이라 반만 웃던 날에

"
모든 공공건물은 최소한 두 가지 일을 해야 한다.
고객을 만족시켜야 하고,
또 도시에 주는 선물이어야 한다.

제임스 스털링 (1981, 프리츠커 건축상 수상)

"

27 무궁화 야간열차를 타고

어린 시절 제가 살던 동네는 기차역에서 멀지 않았습니다. 학교가 끝나면 기차가 들어오는 시간에 맞춰 동무들과 우르르 몰려가곤 했습니다. 10원짜리 동전과 구리 조각들을 기차 레일 위에 올려놓고 기차가 지나간 후 누구 것이 제일 납작해지는가를 내기하곤 했습니다. 레일 위에 귀를 대고 달려오는 기차 알아내기와 작은 레일 위로 빨리 걷기 게임을 했던 추억이 있습니다. 또한, 새벽을 깨우는 기차의 덜컹덜컹 소리는 소음이 아닌 가장 친절한 알람 시계였습니다. 그러나 즐거웠던 기차놀이는 친한 친구 헌숙이 아버지께서 기차 사고를 당하신 이후로 더는 즐겁게 할 수 있는 놀이가 아니었습니다.

지난 6년간 원불교100년기념성업회 사무총장과 소태산기념관 건축추진위원회 집행위원장을 수행하면서 서울과 익산, 서울과 광주 등을 수없이 다녔습니다. 특히, 영산 성지 사무소장을 겸직한 지난 만 8개월 동안에는 일주일에 2번 정도 영산과 서울을

왕복하는 길 위의 여정이었습니다. 첨예하고 긴박한 결정, 무겁고 중요한 회의의 압박감은 기차 중 가장 빠른 교통수단인 KTX에 몸을 싣게 했습니다. '삶은 속도가 아닌 방향'이라고 생각했지만 정작 제 일상은 빠름에 늘 자리를 내주며 살았습니다.

KTX에 몸을 싣고 가며 마음속으로 생각했던 바람이 있었습니다. 소태산기념관이 원만히 사용승인을 취득하는 중요한 마무리를 짓게 되면, 무궁화 야간열차를 조용히 혼자 타고 싶었습니다. 느긋함을 누리고 싶었습니다. 마치 '빠름'의 유혹에 지고 있는 것만 같은 제 삶의 시간을 보상받고 싶었달까요.

드디어 '사용승인서'를 받은 일주일 후인 6월 5일 밤 소박한 제 꿈을 이루었습니다. 설레는 마음으로 식당칸에 자리를 잡고 노트북을 펼치고 장시간 글을 쓰고 싶었던 느린 시간을 온전히 즐겼습니다. 무궁화호는 와이파이 기능도 없고 흔들림도 심했지만 느림의 철학자라는 별명을 가진 피에르 상소가 "느림은 게으름이 아니라 행복의 조건"이라고 했듯이 오늘의 여유는 또 다른 내 일상의 발견이 되었고 교통비 반값 절약이라는 덤도 얻습니다. 시간에 쫓겨 밀렸던 부의금과 축의금도 보내고 출가교화단 단비도 보냈습니다. 소태산기념관을 완공토록 도움 주고 함께했던 한 분 한 분 떠올리고 기록하며 감사 기도를 올렸습니다.

"없을 때에는 항상 일 있을 때에 할 것을 준비하고 일이 있을 때에는 항상 일 없을 때의 심경을 가질지니, 만일 일 없을 때에 일 있을 때의 준비가 없으면 일을 당하여 창황 전도蒼惶顚倒함을 면하지 못할 것이요, 일 있을 때에 일 없을 때의 심경을 가지지 못한다면 마침내 판국에 얽매인 사람이 되고 마나니라."라는 대종사님 수행품 10장 말씀으로 느림과 빠름을 짓고 부수고 있는 내 마음을 다시 성찰합니다.

2019년 6월 5일
용산행 무궁화 밤 기차에서

28 일원상이 봉안되는 날의 환희

2019년 8월 2일, 흑석동 현충로와 올림픽대로로 향한 소태산기념관 양쪽 측면에 지름 4m 일원상을 봉안奉安했습니다. 대형 일원상의 색은 금색이고 지상 10층 상단에 자리잡았습니다.

대종사大宗師 대각大覺을 이루시고 말씀하시기를 "만유가 한 체성이며 만법이 한 근원이로다. 이 가운데 생멸 없는 도道와 인과 보응

되는 이치가 서로 바탕하여 한 두렷한 기틀을 지었도다."고 하셨습니다. 여기서 한 '두렷한 기틀(○)'은 허공법계와 진리불의 도면입니다.

정산 종사께서는 일원상은 곧 진리의 전체의 사진이니, 이 진리의 사진으로써 연구의 대상을 삼고 정성을 쌓으면 누구나 참 진리의 자리를 터득할지라며, 대종사께서 "과거 회상은 일여래 천보살 시대였으나 앞으로는 천여래 만보살이 출현하리라." 하셨습니다.

오늘 제 마음은 번뇌와 미혹이 끊어진 환희지歡喜地에 이르고, 가슴은 벅차서 그 감응을 무엇으로 표현하기 어려운 날입니다. 둥그런 일원상은 소태산기념관 건립의 목적인 세계평화의 상징이 될 것입니다. 일원상의 근본은 시비를 넘고 갈등을 치유하는 지혜의 근원이기 때문입니다. 밝은 일원상은 천만 서울 시민들의 생각을 한 단계 끌어올리는 화두가 될 것입니다.

저 동그라미는 뭐지? 하는 작은 의심들이 씨앗이 되어 생각을 멈추게 하고 원만한 판단을 가져오는 표준이 되기를 지극한 마음으로 기도합니다.

원불교인들과 수행자들은 저 일원상이 내 본래 마음임을 깨달아 온 세상을 일원화一圓化, 불은화佛恩化 전 생령을 널리 구제할 대서원을 올려야겠습니다. 아이들의 해맑은 웃음소리를 지켜줄 수 있는 행복하고 평화로운 세상이 되기를 기도합니다.

2019년 8월 8일
영산 성지에서 봉안 소식을 들은 한밤중에
성지를 기쁜 마음으로 뛰어다니며

> 건축가로서 나는 형식과 스타일을 위해서 싸우는 대신
> 사물의 본질과 사랑에 빠지는 것이 매우 중요하다고 믿고 있다.
>
> 요른 웃손 (2003, 프리츠커 건축상 수상)

29 소태산기념관과 방언공사

 2019년(원기 104년) 9월 21일은 소태산기념관이 만인에게 공개되는 봉불식이 열리는 날입니다. 해중산海中山은 음시대의 상징이니 호를 소태산으로 다시 지으시며 밝은 시대 새 법호라 하신 그 진리불 그대로 기념관에 새겨 부릅니다. 세상이 알아보는 새 성자로 우리 가까이에 계신 부처님으로 모시고 싶습니다. 정신개벽의 중심지이자 은혜의 생장점으로 소태산기념관은 그 빛을 발산할 것입니다.

 소태산기념관 집행위원장을 겸직하며 원불교 근원 성지인 이곳 영산 성지에서 근무하는 행운아가 된 요즘 더욱 찬찬히 소태산기념관을 떠올립니다. 2017년 3월 28일 소태산기념관 기공식에서 첫 삽을 뜨던 날의 감격이 다시 밀려듭니다. 봉불식을 앞두고 아침 기도를 하던 중 2017년(원기 102년) 겨울 한강 물보다 더 낮은 지하 23m 진흙을 건져내던 일이 떠올랐습니다. 지독한 흙냄새와 함께 시커먼 진흙을 걷어내고 넓은 바위에 구멍을 내어 '천하강산제일루天下江山第一樓'라고 기초를 세우고 흥이나 춤을 췄습니다. 그렇게 단단하게 세상을 받치며 우뚝 선 세계 교화의 새 터전 소태산기념관입니다. 그 과정을 하나하나 눈으로 보았고 발로 다녔기에 가슴 벅차고, 생각할수록 안심이 됩니다.

1918년(원기 3년) 영광군 백수읍 길룡리 서해 와탄천에서 대종사님과 9인 선진님들이 맨손으로 개펄을 걷어내며 막아 만든 4만 평 옥토 정관평에서 100년이 지나 생각해 봅니다. 교단사에 영육쌍전의 근원지로 자리를 지키고 있는 이 정관평의 간석지干潟地 작업이 당시에 얼마나 힘들었을까 생각하면 코끝이 찡해오다가도 회상의 기초를 세우는 일에 얼마나 기쁘셨을까하고 생각하면 발끝부터 다시 힘이 솟습니다. 대산 종사께서는 "정관평 1차 방언공사는 손으로 일군 최초의 방언공사다."하시며 어떤 일이 있어도 그 자리를 지켜야 한다고 당부하셨습니다. 비록 짧은 시간이나마 정관평 유기농 농사를 지으며 수많은 기도와 함께 자란 벼를 알기에 충분히 행복합니다.

소태산기념관 건축 과정의 어려움은 주거지역으로의 토지 변경 과정, 건축비 마련, 교도들의 공감대 형성 등 모든 과정 하나하나가 새롭고 쉽지 않았기에 그만큼 밤을 새우고 공부하며 기도한 날들이었습니다. 원불교 100년을 맞아 소태산 대종사님을 세상이 모시는 새 성자로 모시고자 기념관을 세계 교화의 기반으로 삼고자 하셨던 경산 상사님의 지극한 염원과 무수한 동지들의 협력은 마지막 숙원사업에 저 자신을 온전히 바칠 수 있게 했습니다.

  설계부터 완공까지 지나온 5년의 모든 시간을 이제 와 생각해 보면 모두가 기쁨이요, 은혜입니다. 소태산기념관을 통해 주신 큰 공부심 또한 축복입니다. 은혜로운 봉불식을 지극한 마음으로 염원하며 이 질문을 저에게 다시 화두로 던집니다.

2019년 9월 17일
영산 성지 영산원 마당에서 저녁 염불을 마치고

"
정신개벽을 향한 내 몸속 진흙은
걷어 내어졌는가?

삼독심에 물든 마음의
개펄은 잘 치워졌는가?
"

2017. 04

2017. 06

2017. 08

2017. 11

2018. 01

2018. 05

2018. 07

2018. 10

2018. 11

2019. 02

2019. 03

2019. 04

활불들의 발걸음 소리를 듣다
영산에서

01 또 다른 대각을 기다리는 만고일월

대각이라 쓰고 개벽의 소식이라 읽습니다.
대각은 영원한 세상에 길이 빛나는 해와 달과 같습니다.
대각은 근본이요, 영원이요, 순리입니다.
만고일월이 화두가 됩니다.

전라남도 영광군 백수읍 길용리. 오늘 제가 서 있는 곳입니다. 한국이 낳은 새 부처님이 태어나 구도하고 대각하신 성지입니다. 만고일월은 또 다른 대각을 기다리며 오늘도 빛을 발산하고 있습니다.

"대종사님!"하고 소리 내 불러봅니다.
"대종사님!"하고 온몸에 힘을 넣어 또 불러봅니다
대종사님! 대종사님! 대종사님! 하늘을 보며 부릅니다.
중앙봉 옥녀봉을 돌아 대종사님은 응답해주십니다.
잘 왔다. 잘 왔어. 하시며 안아주십니다.

대각터를 지키는 팽나무, 동백나무, 배롱나무.
영산의 산수국, 국화, 상사화 모두 한 몸 되어 대종사님을 힘차게 부릅니다.

2018년 10월 15일
국제마음훈련원에서 수위단회 연수를 마치고
대각터에 홀로 남아 대종사님을 뵙고 싶어 목청껏 불렀던 날

02 여기는 북쪽이다. 너는 어디로 가느냐?

원불교가 시작된 곳, 여기는 대한민국 영광군 백수읍 길용리입니다. 1916년, 소태산 박중빈 대종사의 대각이 원불교의 탄생이었습니다. 대종사께서 응접실로 사용하셨던 적공실이 현재 제 집무실이고, 소태산 대종사께서 법설하시던 대각전에서 저는 기도와 좌선을 하고 있습니다.

생각해보면 참으로 행운아입니다. 행복한 수행의 최적지입니다. 새벽기도를 위해 심신을 청결히 하고 나면 새벽을 깨우는 33번의 종소리가 시방세계로 울려 퍼지며 개벽 세상을 알립니다. 은혜로 연결된 생명줄을 이어줍니다.

새벽 5시, 대각전 앞을 밝히는 밝은 달님은 새벽 기도길을 은은히 밝혀줍니다.

100년 전 소태산 대종사는 서해의 용맹스러운 파도와 구수한 구십 구봉의 깊은 산속 마지막 봉우리 옥녀봉에 걸려있는 별과 달 그리고 바람을 온몸으로 맞으며 수없이 다듬고 다듬어 "물질이 개벽되니 정신을 개벽하자"라는, 인류가 자기의 주인으로 살아갈 대화두를 주셨습니다. 그 자리에 서 있노라면 그 말씀이 가슴에 뜨겁게 느껴지고, 어느 날은 매섭고 아픈 회초리로 다가옵니다.

6시, 기도와 좌선을 마치고 나오면 달님은 떠나고 초롱초롱한

북두칠성과 북극성이 제게 묻습니다.

> "
> 여기는 북쪽이다. 너는 어디로 가느냐?
> 소태산 대종사께서 최초의 교당이었던
> 구간도실을 이곳에 옮기고 영산원으로 지으면서
> 북향으로 자리 잡게 한 이유를 아느냐?
> "

가슴을 폅니다. 마음을 엽니다. 아침 청소 후 7시 20분. 식당으로 향하는 길 동쪽에서 떠오른 해님과 정면으로 마주합니다. 여기는 백두대간의 끝 영촌靈村마을입니다. 모두가 부처되는 세상을 알리고 스스로 부처의 길을 걸으신 대종사님의 대각성지입니다

2018년 12월 22일
새벽 좌선을 나가다 만난 별들을 보며

여기는 북쪽이다. 너는 어디로 가느냐?

03 삼밭재, 참회의 땀방울은 온몸을 돌아 흐르고

어린 시절 호남평야에서 바라본 차령산맥은 서해안의 세찬 바람을 막아주고 평야를 살렸습니다. 차령산맥은 태백산맥을 어머니 삼고 그 정기를 이어받아 계룡산 갑사에서 부처님의 법을 품었습니다. 그 혼은 금강의 맑은 물과 눈부신 모래밭을 만들었습니다. 고즈넉한 산의 정맥은 큰 세상을 향한 동경과 꿈을 키워주고 생각하는 습관을 길러줬습니다.

아버님 자전거 뒤에 타고 조상님 산소가 있는 미륵산 금마에 다다랐을 때 높은 산을 가리키시며 저기가 대둔산이다고 하신 말씀을 다시 떠올려보면 소백산맥을 부모 삼아 금산사, 내장사를 지나 영광 불갑사까지 이어진 길이 200km의 구릉성 산지 노령산맥이었습니다.

2018년 11월부터 새 근무지로 임명받은 영광 원불교 영산 성지에서 하루하루 대종사님을 친견하는 경외심으로 시작합니다. 2019년 새해 종소리를 뒤로하며 삼밭재 마당바위를 오르는 눈길은 미끄럽고 숨이 차지만 그동안 알고도 짓고 모르고도 지은 죄업을 내려놓는 참회의 땀방울이 온몸을 돌아 흐릅니다. 삼밭재 마당바위에 앉아 일원상서원문을 독송하고 구수산 구십구봉 마지막 절벽 같은 옥녀봉을 바라보며 한 생각을 떠올립니다.

어릴적 꿈을 키웠던 차령산맥의 맑은 정기가 전부 뭉쳐있는 끝자락이 길룡리 영촌靈村마을이구나. 노령산맥의 밝은 정기가 불법으로 다시 살아나는 곳이 구수산 구십 구봉이고 다시 그 불맥을 이을 사람을 옷소매에 숨겨두었으니 백수읍白岫邑이었구나. 빠진 한 봉우리는 바로 사람으로 환생하시고 후천개벽을 이곳, 영산에서 다시 시작해주셨습니다. 백두영봉 백두대간 이뤄 만생령을 살렸고 그 생기, 영기, 정기, 법기 수천 년 흘러 흘러 이곳 구수영봉 끝자락 옥녀봉에 이르렀으니 이 또한 불일중휘佛日重輝, 법륜부전法輪復轉의 대예언이었습니다.

불연 깊은 천년의 빛 영광 땅, 백두영봉 영기 어린 구수산 구십구봉 그 중심에서 7세의 어린 소년이 5년 동안 산신령전 기도 올렸으니 이 또한 새 부처님 소식이었습니다.

"물질이 개벽되니 정신을 개벽하자" 외쳐주신 새 부처님 소태산 대종사님 기도 도량에서 온몸이 떨려옵니다. 적공 한 생각에

멈춥니다.

　석가모니 부처님의 깨달음이 있었던 붓다가야의 정신을 이어받은 가야산 정기어린 갓바위가 과거에 바탕을 둔 현재 진행형이라면, 새 부처님 소태산의 대각을 이룬 노루목 대각터의 구도정신을 낳은 삼밭재 마당바위는 현재에 뿌리를 둔 미래 진행형 새 기도 도량입니다.
　영산 성지를 세계인이 찾는 은생지, 법생지라 말씀하신 대산 종사의 효심은 오늘도 저의 화두가 됩니다.

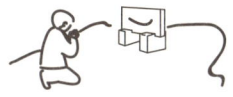

2019년 1월 21일
참회하고 서원을 다지며 오른 삼밭재 길에서

04 3월의 흙길은 너무 빨리 걷지 맙시다

   3월의 이른 아침, 전남 영광군 백수읍 길룡리 원불교 영산 성지 영산원 앞마당을 슥슥 씁니다. 길모퉁이 파릇파릇 새싹이 올라와 있습니다. 고개를 숙여 자세히 들여다보니 모래와 돌 사이를 뚫고 나오는 생명, 차갑게 얼었던 땅을 헤집고 나온 상사화 어린싹입니다.

   빗자루를 놓고 한동안 서로 마주 봅니다.
   생각까지 내려놓고 3월의 새싹과 웃음을 나눕니다.
   자연의 순리에 고개를 저절로 숙이게 됩니다.

   3월의 흙길은 논이든 텃밭이든 마당이든 함부로 쓸거나 밟지 말아야겠습니다.

3월의 대지는 온통 생명 그 자체이기 때문입니다.
3월의 냉이는 누군가의 입맛을 살려줍니다.
3월의 홍매화는 아름다움에 그치지 않고 열매 맺을 미래를 가르쳐줍니다.

사뿐사뿐 걸어봅니다.
그러면 볼 수 있습니다.
봄과 생명의 존귀함을.
한 생명도 다치지 않도록 함부로 걷지 않는 것이
3월의 사명입니다.

2019년 3월 3일
영산 성지 마당을 쓸며

05 천 개의 등불이 되어

　대한민국 경관 대상을 받은 영광 백수 해안도로는 칠산 앞바다의 구불구불한 해안을 따라 모자바위, 거북바위, 365계단 등이 바다와 어울리는 곳입니다. 해가 질 무렵 노을 전시관 아래에 자리 잡은 무인 등대를 발견했습니다. 어둠이 시작됨과 동시에 하얀 등대에 노랑과 붉은빛의 등대에 시간이 맞춰져 불이 켜집니다.

우주는 하나로 연결된 공동체임을 믿고 그 은혜로운 이음은 서로를 살리는 존재임을 증명하는 저는 원불교인입니다. 원불교는 소태산 대종사의 깨달음을 통해서 시작되었습니다. 소태산 대종사의 삶과 우주에 대한 의심과 구도 정성 그리고 깨달음이 동시에 이루어진 원불교 근원 성지인 이곳 영산 성지가 자리한 곳은 영광군 백수읍 성지로 1345일대입니다.

4월 1일, 대각터에 천여래등千如來燈의 불을 밝혔습니다.
대각을 경축하고, 나 스스로 부처가 되겠다는 서원을 올리는 등불입니다. 해안도로의 등대가 어부들의 생명줄이라면 대각터의 천여래등은 어떤 의미일까요? 제 발걸음과 생각이 첫여래등 점등식에 와있습니다.

무지에서 깨어나서 내면을 밝히는 자성의 등불,
욕심을 내려놓은 자비의 등불,
분열을 넘어서는 통일의 등불,
화합과 평화의 등불을 떠올립니다.

원불교가 처음 시작된 대각터에서 천여래등을 켜는 첫 번째 이유는 소태산의 정신에 있습니다. 소태산은 왕족을 대표하는 특별한 계급도, 신비로운 탄생의 비밀도 간직하지 않은 평범한 우리와 같은 모습이셨습니다. 자발적 의심과 지극한 정성으로 스스로 깨달음을 얻었습니다. 더 나아가 평범함의 깨달음이 한 분의 성인에 머물지 않도록 강조하셨습니다. "나는 너희들 성불하기만 바란다."라고 하시며 집안의 며느리가 부처요, 농사짓는 농부가 부처임을 자각토록 하였습니다. 누구나 깨치면 부처가 되는 세상을 열어놓으셨습니다. 진리는 특정인이 독점하는 대상이 아닌, 마음공부로 깨달음을 통해서 공유할 수 있는 모두의 길을 개척해주셨습니다.

그 천여래등의 두 번째 사명은 대종사께서 밝혀 주신대로 세계의 공인으로 살라는 등불입니다.
극단적 자본주의로 인해 오직 경쟁과 승리만이 중요시되어가고 있는 세상에 브레이크가 필요합니다. 공익심이 살아야 생명과 평화가 회복됩니다. 모두가 함께 잘사는 공익의 가치가 중요한 사회적 가치로 더욱 존중받는 시대정신이 살아나야 합니다.

2019년 4월 전남 영광에서 30일간 밝혀지고 있는 천여래등의 이름을 붙여 봅니다.

06
탄생가 복원, 근원 성지의 미래

　오늘은 영산 성지 사무소장으로서 전라남도 영광군 백수읍 길룡리 영촌마을 소태산 대종사 탄생가 건축 복원 현장에 있습니다. 소태산 대종사 탄생가는 한국전쟁 때 소실되었습니다. 이후, 1981년(원기 66년) 소태산 대종사 탄생 90년이 되던 해를 기념하여 대지 148평에 건평 16평인 초가 네 칸의 사적지로 복원했습니다. 당시 복원된 탄생가는 기와 건축물에 초가지붕을 얹은 형태로 건축되며 원형原型을 충분히 살리지 못했습니다. 더구나 노후화되며 배수 상태가 좋지 못해 토사 유출이 심했습니다. 이후 2016년(원기 101년) 8월 26일 제76회 원불교문화재관리위원회에서 전면 개보수를 하기로 의결했습니다. 이후 2년여 동안 전문가들의 고증과 자문을 거쳐 성보1호 대종사 탄생가는 원형 복원을 목표로 건축 중입니다. 고증에 따라 당시의 모습대로 소를 키웠던 헛간과 뒤뜰의 장독대 그리고 담장 복원을 마치고 4월 24일 준공식을 앞두고 있습니다.

　최근 국가 문화재 분야에서는 감사원과 문화재청 간에 미륵사지 석탑 원형 복원 논란이 한창입니다. 학계에서는 이 미륵사지 석탑 복원 논란을 기점으로 지금까지도 논의 중인 '원형' 개념을 정립하고 새로운 원칙을 세워야 한다는 목소리가 높아지고 있습니다. 원불교 익산 총부와 가까이에 있는 국보 11호 미륵사지 석탑은 국내에서 가장 오래되고 가장 큰 석탑입니다. 해체부터 복원까지 20년, 복원비용 225억 원이 들어간 대규모 국가문화재복원사업의 원형 복원 논란을 지켜보며 이 기회에 대종사 탄생의 새로운 의미와 탄생가의 복원, 성지의 미래에 대해 묵상하며 다시 새겨봅니다.

대종사님이 태어나신 1891년 당시는 세계사적으로 제1차 세계대전이 발발했던 1914년을 전후한 전쟁과 혁명의 시기였습니다. 2차 산업혁명으로 과학기술의 비약적 발전은 인류의 정신세력이 그 주체를 잃게 했으며, 당대 조선은 왕권의 몰락과 외세의 침범으로 국가의 존망이 바람 앞의 등불 같았습니다. 또한, 대종사 탄생 3년 전인 무자년부터 팔도강산에 큰 가뭄이 들어 흉작으로 민생이 궁지에 몰려 전남 영광 일대 민심조차 흉흉했다고 합니다.

소태산 대종사 탄생가의 의미를 크게 세 가지로 요약해보았습니다.

첫 번째 의미는 평등성입니다.
  대종사께서는 "그대들은 나의 역사나 경전을 만들 때 절대로 장엄을 실상에 넘치게 하지 말라." [대종경 선외록 유시계후장 16] 하시며 어떤 계급이나 신분에게 주어진 성불의 특혜, 특권을 인정하지 않으셨습니다. 고귀한 신분이거나 신비한 탄생의 배

경이 없는 소태산의 탄생은 출신이나 계급을 넘어선 가장 평등한 구세주의 메시지였다고 생각합니다. 그 메시지는 천여래 만보살의 시대로 누구나 부처 되는 문을 열어주셨습니다. 가장 평범한 모습으로 오셔서 누구나 공부로 부처 될 수 있다는 사실을 증명해 주셨습니다.

두 번째 의미는 장소성입니다.

건축에서 장소성은 장소가 점유하거나 보유하고 있는 본질로서 특정 장소에 대한 함의, 회상 등의 상징이라고 말할 수 있습니다. 소태산 대종사의 탄생지인 전남 영광은 백두 영봉에서 시작된 백두대간을 따라 태백산맥으로 뻗어, 노령산맥의 끝자락 정기와 서해안을 따라 내려온 차령산맥의 기운이 뭉쳐진 구수산 구십구봉 마지막 옥녀봉 아래에 자리 잡고 있습니다. 또, 백제 불교 최초 도래지인 법성포法聖浦라는 지명과 와탄천 변 입암리에서 발견되는 미륵 세상을 기다리는 매향신앙에서 알 수 있듯이 탄생가가 자리한 영광은 원불교와 불연이 깊은 곳입니다.

세 번째 의미는 역사성입니다.

영광 탄생가는 소태산 대종사의 발심과 구도가 시작된 곳입니다. 나이 4살 때 엄마 등에 업혀 저녁 마실을 나갔다가 노루목 산마루에 걸린 보름달을 보고 "엄마, 저 달 잡으러 가자."라고 졸랐다는 이야기가 전해집니다. 또한, 7세부터는 천지 만물에 대한 큰 의구심이 생겨났습니다. '저 하늘은 얼마나 높고 큰 것이며 어찌하여 저렇게 깨끗하게 보이는가'로 시작된 의심 머리는 5년간 일관되게 삼밭재에 올라 마당바위에서 지극정성 기도를 올리는 계기가 되었습니다. 이 의심은 의단이 되어 대각을 이루는 씨앗이 되었습니다.

영산은 의심에서 출발하여 대각으로 이어가는 구도의 과정과 방언공사와 공부를 통한 공동체의 건설 등 역사 문화적 요소를 고루 설명할 수 있는 근원 성지입니다. 이에 바탕을 두어 대산 종사께서는 "영산 성지는 새 세상의 주세불이신 대종사님의 색신여래와 법신여래가 탄생한 대성지"임을 선포하셨습니다. 세찬 바람이 부는 4월의 첫날, 영산 성지 밤이 깊어갈수록 별빛은 더욱 초롱초롱하게 빛을 발합니다. 서울 동작구 흑석동의 '소태산기념관'을 신축하며 스스로 던졌던 화두를 전남 영광군에 위치한 '소태산탄생가'를 복원하며 다시 한번 던집니다.

> **탄생가를 왜 복원하는가?**
> **어떻게 소태산 대종사의 본의를 살려낼 것인가?**

탄생가 원형 복원의 이 기쁨을 원불교에 가두지 않고 작게는 지역사회인 길룡리와 화합하고 공유하는 기쁨으로 만들 수 있을지 고민합니다. 크게는 세계인들과 교감하는 원불교 순례지로의 확장성을 꿈꿉니다. 탄생가가 건축물로서 전시물이나 포토존의 기능에 머물지 않고 몸으로 체험하고 마음으로 증득하여 만고 후세에 그 법음이 이어질 수 있기를 기도합니다. 이곳을 찾는 분들이 탄생가, 삼밭재, 노루목, 정관평, 대각터, 영광의 바다, 성지의 바람과 나무, 햇살 등 그 모든 것들을 천천히 함께 잘 보고, 깊이 느꼈으면 좋겠습니다. 소태산 대종사께서 강조하신 누구나 평등한 천여래 만보살의 나로 잠시나마 돌아가 회복할 수 있는 장소가 되기를 소망합니다. 기념과 기억 그 자체가 의미 있지만, 그것이 지금을 사는 우리에게 진리의 화두와 활력, 의미를 던질 수 있는 탄생가 원형 복원이 될 수 있도록 오늘도 저의 질문은 진행형입니다.

2019년 4월 21일
영산 성지 대종사 탄생가 재복원을 지켜보며
대종사님 오신 뜻을 쉼 없이 다시 새긴 날

07
정관평에 우렁이를 놓는 날

　2019년(원기 104년) 5월 21일 모내기 3일째. 모심기를 끝내고 바라본 '정관평'은 석양이 비친 물이 조금 전 심은 모와 하나 되어 커다랗고 맑은 하나의 거울이 되었습니다. 거울 속에 비친 옥녀봉이 원래 이름인 망성봉望聖峰으로 다시 태어나는 순간이었습니다. 더불어 성인이 오시는 길을 밝힌다는 와탄천 건너 촛대봉이 다시 불을 밝히니 용머리에서 나오는 훈훈한 기운은 온 세상을 은혜로 물들입니다.

　정관평貞觀坪은 원불교 초기 전남 영광군 백수면 길룡리 앞바다를 막아 만든 농토로, 올곧貞은 성품 자리를 관觀하라는 뜻이며 일원의 광대 무량한 낙원 세계 건설에서 의미를 찾을 수 있습니다. 소태산 대종사는 창립 제자와 더불어 1918년(원기 3년) 5월부터 시작하여 다음 해 4월까지 약 1년 동안 길룡리 앞의 갯벌을 막아 농토로 만드는 간척 사업인 방언공사를 전개했습니다.

　"가난 구제는 나라도 못 한다."라는 속담이 있지만 소태산 대종사는 가난을 극복하고 교단의 경제적 토대를 만들고자 저축조합을 만들어 조합원들과 바다를 막아 논을 만들었습니다. 정관평은 원불교 창립 정신의 자급자족, 주경야독, 영육쌍전의 태동이었습니다.

정관평의 논농사는 2019년 지금도 변함없이 진행 중입니다. 정관평의 모내기는 농약과 비료를 사용하지 않고 땅이 가진 본래의 힘을 살려내는 유기농법으로 진행합니다. 정직한 실천에 바탕을 둔 경제자립의 당당한 증거인 정관평은, 몸과 마음이 하나로 가야 한다는 쌍전과 병진의 미래를 우리에게 보여주고 있습니다.

2019년 5월 21일
무농약 유기농 농법으로 살려내는 정관평 논에 우렁이를 놓던 날

토종 우렁은 겨울 잠에서 깨어나 스스로 살아나고
부족한 우렁은 구입해서 넣습니다.

08
노루목 수국 숲에서 풀을 뽑으며

원불교 영산 성지 소장직을 수행하는 저의 염원은 "물질이 개벽되니 정신을 개벽하자"라는 소태산의 개교 정신이 영산 성지의 곳곳에서 샘물처럼 흐르게 하는 것입니다. 또한, 저의 목표는 영산 성지를 세계정신문화의 산실로 자리 잡도록 준비하고 가꾸는 일입니다.

더위가 한창인 여름날, 성지의 동지들과 몸을 낮춰 대각터와 법인 광장의 풀을 깎습니다. 제초제를 쓰지 않다 보니 풀은 깎은 지 3일만 지나도 도로 자라납니다. 어제와 오늘은 대각터 뒤편에서 일했습니다. 아름다운 산수국이 자라도록 3년 전부터 가꿔온 그곳입니다. 뜨거운 여름 햇살에 몸을 빛내고 있는 산수국 주위에 잡초와 잡목들이 가득합니다.

잡초와 잡목을 뽑아줘야 바람길이 생기고 햇빛이 들어와 생장을 도울 것입니다. 산딸기 가시넝쿨, 뿌리가 깊이 박힌 단풍나무,

번식력이 왕성한 미국자리공, 옷에 따갑게 달라붙는 도깨비 풀과 쑥이 어울려 넓은 풀숲을 이뤘습니다.

허리를 숙여 풀을 헤치고 잡초를 뽑을 때마다 윙~~하고 나타난 모기들에 첫 번째 경계를 느낍니다. 두 번째 경계는 흙 속의 지렁이들인데 풀을 헤치다 보면 갑자기 나타나 저를 멈칫하게 합니다. 덥고 답답하지만, 비 온 뒤라야 쉽게 뽑을 수 있어 잡초를 뽑는 손을 멈출 수 없습니다. 시간이 흐르고 작업 공간이 넓고 깊어질수록 몸의 상처는 훈장처럼 늘어납니다.

산딸기의 화사함 뒤에 몸을 감춘 가시에 손을 찔리는 아픔도 견뎌야 하고, 실수로 벌집을 건드려 벌에 쏘이는 고통 앞에서는 웃어버리는 것이 치유제입니다. 논두렁과 잔디 광장에서 예초기로 풀을 깎는 동지들은 갑자기 튀어 오르는 돌이나 쇳조각들보다도 날카로운 제초기 앞에서 생사를 다투는 파충류와의 만남이 힘들다고 호소합니다.

"금수초목도 연고 없이는 꺾고 살생 하지 말 것이니라."라는 소태산 대종사님이 주신 은혜와 생명 존중의 원칙을 마음에 새기며 작업 전에 기도를 올리고 장갑과 옷가지들을 단단히 준비하는가 하면 모기 기피제를 바르는 등 예방도 꼼꼼히 합니다.

뿌리채 뽑아내지 못해 자꾸 끊어지는 풀을 가만히 바라봅니다. 내 마음의 탐진치 또한 깊게 뿌리를 틀어 업이 되고 업장으로 굳어지기 전에 녹여내려는 공부심을 챙겨봅니다. 바쁘다며 직면하기를 게을리해 오래 굳어진 저의 탐진치가 영산 성지의 기운 아래 여여히 드러나 정화되는 순간순간을 기쁘고 겸허하게 느끼며 오늘도 몸을 숙입니다.

2019년 7월 3일
노루목 대각탑 수국 숲에서

09 썩은 가지를 쳐내니 햇살이 들고 바람길이 열린다

　세계정신문화의 새로운 중심이 될 원불교 영산 성지에는 아름다운 적송赤松 군락이 있습니다. 1923년(원기 8년) 영산원이 지어지기 전부터 있었다니 100년을 훨씬 넘긴 그 위용과 늠름함은 이루 말할 수 없습니다. 굽이굽이 휘어진 모양에서 인고의 역사를 발견합니다. 나무마다 형태도 다르고, 팔을 벌려 힘껏 안아보면 느낌도 제각각입니다. 적송이 대부분이지만 굴곡이 더 많은 검은 해송들도 사이좋게 어울려 있습니다. 근대문화유산으로 지정된 대각전과 정신개벽의 울림터인 종각 사이에서 수많은 순례객을 맞이하고 보내는 큰 쉼터 역할을 해왔을 것입니다.

　법인기도 백지혈인白紙血印 100주년을 준비하며 전문 조경사의 손을 빌려 아름드리 소나무들의 가지치기를 진행하고 있습니다. 가지치기는 소나무의 발육을 돕고, 병충해를 방지하며 또한 수형樹形을 바로잡아서 줄기, 가지, 잎, 뿌리가 새롭게 자리 잡게 해줍니다.

가지치기를 마친 후 바라본 나무들은 경탄을 절로 터뜨리게 합니다. 수년 또는 수십 년 동안 묵으며 썩어있던 가지들이 잘려나간 사이로 햇살이 들어오고 바람길이 터집니다. 아름다운 적송 사이로 새 성자를 손꼽아 기다렸던 옥녀봉의 일원상이 선명하게 보이고, 영육쌍전의 터전인 정관평이 손에 잡힐듯합니다. 아침저녁으로 정신개벽을 깨우는 영산의 종각도 더욱 환하게 여여히 빛납니다. 얻기만 한 것은 아닙니다. 세상사 이치가 그렇듯 잃은 것도 있습니다. 높은 가지 위에 둥지를 틀고 살다 졸지에 집을 잃은 산까치들이 까아까아~ 소리를 내며 나뭇가지를 치우는 저를 공격합니다.

　마음을 공부하는 수행자로서 문득, 정신의 가지치기는 잘 되고 있는지 살펴봅니다.
　내 본래 금강 자성金剛自性을 가리고 있는 중생상과 수자상 또한 자심 미타自心彌陀를 썩히고 있는 게으름과 편견을 골라 쳐내는 적공의 가지치기를 시작합니다.

2019년 7월 9일
소나무 군락지 가지치기를 하며

10 구수산의 염화미소

장마와 폭염의 계절 여름, 영산 성지는 연꽃 천지입니다. 연꽃이 44,292㎡(13,000여 평)의 드넓은 면적에 넓게 펼쳐집니다. 원불교 영산 성지 보은강에 핀 분홍빛의 연꽃 향기는 발길을 멈추고 염화미소를 짓게 합니다. 3,000년 전 영취산 영산에서 석가모니 부처님께서 깨달음의 실체를 보여주시려 설법하실 때 연꽃을 들어 올리며 "이 뜻을 알겠느냐?" 하시니 오직 마하가섭이 홀로 미소를 지었다고 합니다. 저는 이 여름, 보은강 연꽃을 마주하며 염화미소를 화두로 잡습니다.

염화미소는 이심전심以心傳心입니다. 염화미소는 깨달음의 상징입니다. 유교에서는 연꽃을 군자의 꽃이라 하여 청빈과 고고함의 상징으로 여겼습니다. 민화에서는 연꽃과 물고기가 함께 있으면 풍요로움을, 연꽃과 갈대가 함께 있으면 연속적인 성공을 의미한다고 합니다. 전남 영광군 구수산 자락에 자리를 잡은 영산 성지 정관평 연꽃 단지는 갈대와 수련이 하나가 되어 어울리고, 길조인 백로가 날아와 물을 젓습니다. 붉은 잠자리가 허공을 날다 연 줄기 위에 사뿐히 내려앉는 풍경은 부처님께서 예언하신 연꽃 낙원을 떠올리게 합니다.

연꽃은 불교의 상징이기도 합니다. 그 이유는

첫째, 처염상정處染常淨입니다.
진흙 속에서 깨끗한 꽃을 피우는 것은 세상을 원망하여 벗어나는 것이 아니고, 마음의 본래 자성 자리를 떠나지 않고 공부심을 챙기는 수행자의 정진을 뜻합니다.

둘째, 화과동시花果同時이기 때문입니다.
꽃이 핀 후 열매를 맺는 것이 아니라 꽃과 열매가 동시에 자라며 꽃의 수만큼 열매가 열립니다. 원인과 결과가 함께 작동하는 지혜가 열려야 생사의 두려움에서 벗어날 수 있고 죄에서 벗어나 작은 공덕에 집착하지 않습니다.

마지막으로 제가 눈여겨보는 것은 연꽃은 뿌리(연근)부터 줄기까지 텅 비어있다는 것입니다.
잎자루를 잘라보면 세 개의 줄기로 비어있어서 땅속까지 공기를 전달합니다. 또한, 무거운 꽃과 열매를 받쳐주고 1m 이상 높이 솟아있으면서 바람에 흔들리기는 해도 부러지지 않는 것입니다. 연꽃의 장관 앞에 서서 '청풍월상시淸風月上時 만상자연명萬像自然明'을 떠올립니다. "맑은 바람 달 떠오를 때 만상이 자연히 밝아오도다."로 깨달은 바를 말하고, 석가모니 부처님께 그 연원을 정했던 소태산 대종사의 정신을 되새깁니다. 영취산 영산회상 설법을 이어받아 새 회상을 펼치고자 그 이름을 영산원靈山院으로 붙이고 그 앞마당이 연꽃 강이 되었습니다. 그곳이 지금 이곳, 영산 성지 보은강의 연꽃 방죽입니다.

후천개벽의 새 성자 소태산 대종사께서는 법을 주고받는 새 원칙을 정해주셨으니 마하가섭 한 사람의 미소가 아닌 모두의 웃음꽃이 되기를 염원했을 것입니다. 여름이 다 가기 전에 영산 성지 연꽃 방죽에서 많은 이들과 구수산 염화미소를 지으며 노래하고 싶은 날입니다.

2019년 7월 30일
하은이 가족이 방문한 날, 정관평 연꽃이 핀 보은강에서

11 걱정을 기도로 바꿀 수 있다면

　2019년 태풍 9호 '레끼마'의 영향으로 대한민국 영광지역에도 제법 강한 비바람이 이틀 동안 지나갔습니다. 원불교 영육 쌍전의 뿌리인 정관평 논으로 발걸음을 옮겨봅니다. 유기농법으로 자라고 있는 여러 종류의 벼 가운데 일찍 이삭이 나온 '고시 벼'의 상태를 확인하기 위해서입니다. 강한 바람이 사방에서 불면서 벼를 세차게 흔들어댑니다. 농사 초보인 제 마음속은 바라보는 내내 수심이 가득합니다. 원불교의 공부법에는 지자본위가 있습니다. 모르면 전문가에게 물어보는 태도입니다. 영산 성지 농사를 총괄하는 산업부장에게 전화하니 "소장님! 너무 걱정하지 마세요. 약간의 쏠림 현상이 있다가도 해가 뜨면 다시 자리를 잡을 겁니다."하고 알려줍니다. 그 말을 믿지만, 비 피해가 없는지 이곳저곳을 둘러보며 바람과 비 걱정은 깊어만 갑니다.

　요제임천療霽任天이라 하시고, 그 후에 말이 갖추어지지 못하였다 하시고, 가색유인稼穡由人이라는 정산 종사의 법어를 학창시절 봉독하고 난 후로 하늘을 원망하는 일은 없지만 정직한 농작물과

식물들을 가꾸면서 무지에서 오는 걱정, 욕속심이 낳은 걱정, 너무 강한 책임이 만든 걱정은 떨칠 수가 없습니다.

일어나는 걱정과 근심을 법신불의 위력을 얻는 기도로 바꿔봅니다. 걱정을 기도로 바꿀 수 있는 공부심을 챙겨봅니다. 일어나는 걱정은 짧게 하고 기도는 깊고 분명하게 하는 것입니다.

아침 좌선을 마치자 일심으로 함께하는 우리 교무님들도 어제 걱정이 되어서 밤잠을 설치며 정관평을 둘러본 얘기를 합니다. '아, 우리는 한마음이었구나' 생각하니 안심이 됩니다. 비가 그친 정관평을 다시 살피는 아침, 늘 든든한 도반 영산 교당 교무님도 걱정이 되어 나왔습니다. 고맙습니다. 인심이 천심입니다. 대동단결이 천지를 감응합니다. 오늘도 영광군 백수읍 정관평 벼농사는 참된 신심과 복록의 발원지입니다.

2019년 8월 13일
영산 성지 정관평의 비 피해를 걱정하며 기도하던 날

12 법명은 공명이고 공명은 세계시민증

사회에서의 이름은 개인을 인식하는 통로이며 한 개인이 극대화되는 최전선의 표상이기도 합니다. 법인절 100주년을 맞이한 원불교인들은 법명을 통해 공공의 이름을 부여받게 된 사실에 주목하고자 합니다. 원불교에서의 법명은 개인적 존재의 경계를 넘어 세상을 품고 우주 만유의 만생령을 살리는 수행자로서의 공적 이름을 갖게 된 것을 의미합니다. 개인을 넘어 공인公人으로서 공명公名의 나침반임을 마음에 새겨야 합니다. 공명을 받았다는 것은 세계시민으로서 일원주의의 삶을 살아간다는 것을 의미합니다.

정산 종사께서는 일원주의는 대세계주의라고 말씀해주셨습니다. 대세계주의는 우주 만물을 한 집안 한 식구로 삼는 우주의 본가 사상입니다. 개인주의, 가족주의, 민족주의, 국가주의, 종속주의를 넘어야 세계주의입니다. 일원주의는 전생령주의이니 우리의 책임은 사람을 넘어야 합니다. 이에 맞는 새로운 법과 새로운 종교와 새로운 사람이 시대의 요청입니다.

　소태산 대종사와 9인 선진들의 백지혈인으로 세계 공명인 새 이름을 받았다는 것은 진리적으로 허공법계의 주인공을 선포함이요. 백지혈인을 나툰 그날은 창생제도의 사명을 부여받은 공인들의 축제 날입니다. 또한, 세계시민이 되었음을 법명으로 증명하고, 부여받은 것입니다.

　세계시민은 지구촌을 한 가족 한 울안 삼고 전쟁의 아픔, 환경 파괴, 교육 불평등, 빈곤의 악순환을 외면하지 않는 사람입니다. 즉, 개별 국가의 경계를 넘어서 상호 연결성이 촘촘해지는 지구촌 구성원입니다. 고통과 갈등, 무지가 있는 현장으로 몸을 밀고 나아가야 합니다. 종교적 회심에 바탕을 두고 조정자로서 때로는 평화실천가로서 세계적 시각으로 관계 맺어 공명의 이름값을 하며 광대 무량한 낙원건설의 사명이 생생하게 작동되기를 서원합니다.

2019년 8월 21일
법인절 날 아침 영산선학대학교
예비교역자 법인절 기념 설교 안을 준비하며

13
반백 년 도반, 메타세쿼이아 나무를 베며

    2019년 가을, 태풍 '링링'으로 인해 남부 지방의 피해가 컸습니다. 태풍에 대비해 성지도 만발의 준비를 했습니다. 다행히도 정관평의 벼들은 거센 비바람에도 잘 버텨 주어 안도와 감사의 기도를 올렸습니다. 다만, 성지와 함께 반백 년을 지내왔다는 식당 앞 메타세쿼이아 나무의 가지가 거센 태풍에 그만 부러지고 말았습니다. 안타까움을 안고 며칠간 논의를 거쳐 베어내는 것으로 결정했습니다.

    가로수나 풍치수로 널리 심고 실내의 방음장치로도 사용되는 메타세쿼이아는 100년이 넘은 적공실 앞 소나무보다 그 키가 훌쩍 커버렸습니다. 성지를 감싸고 있는 우직한 팽나무와는 또 다른 아름다움을 내뿜었습니다. 한 그루였지만 외로웠는지 가지가 두 개로 자라서 친구 나무로 불리기도 했습니다. 여래봉 아래에서 기와집 식당을 의젓하게 가려주던 수호신 같은 나무였습니다.

    바람에 부러지는 아픔을 견디면서도 식당 기와지붕이 아닌 반

대편 옆 화단으로 쓰러지는 속 깊은 사랑을 보여준 것만 같아 더 마음이 아팠습니다. 영산 성지와 함께 오랜 시간을 함께해온 나무를 전기톱의 굉음과 함께 베는 날 우리 수행자들은 일심으로 감사와 이별의 기도를 올렸습니다. 뿌리는 바로 뽑아내지 않고, 당분간 보호한 후 새봄이 오면 떠나 보내기로 했습니다.

그동안 함께 희로애락을 나눌 수 있어 행복했습니다.
이제 당신 님은 목재로, 의자로 때론 땔감으로
그 생명을 다시 살리겠지요.
안녕히 가시고 또 다른 모습으로 만나겠습니다.
메타세쿼이아 군락지를 만나거든 당신인 줄 알고
반갑게 안아드리겠습니다.
키 큰 나무를 보거든 당신인 줄 알고
웃음으로 만나겠습니다.
새 부처님 대각 성지를 지켜주시고
영육쌍전의 도량 정관평을 살펴주신 은혜에 감사합니다.
당분간 당신의 은은한 향이 그리울 듯합니다.
편안히 쉬시옵소서.

2019년 9월 24일
메타세쿼이아를 베어내던 날 밤에

14 볍씨 한 톨에 담긴 무게

일미칠근一米七斤이라는 말은 쌀 한 톨이 일곱 근이라는 뜻입니다. 쌀 한 톨을 만들려면 농부가 일곱 근의 피와 땀을 흘려야 한다는 것을 뜻합니다. 쌀 한 톨에 들어간 농부의 노고를 상징적으로 표현한 것입니다. 쌀 미米 자를 보면 위에 두 점과 밑에 두 점이 쌍 팔八八을 뜻합니다. 그리고 가운데는 열십十자를 뜻합니다. 쌀 한 톨이 우리 입에 들어가기 위해 농부의 손길이 여든여덟 번은 족히 가야 한다는 뜻이지요.

소태산 대종사께서 영육쌍전의 정신으로 직접 일궈내신 영광 정관평 들녘에 벼 수확이 한창입니다. 메뚜기가 뛰노는 청정 유기농 농법이기에 더욱 자부심이 갑니다. 한여름 온몸으로 풀을 뜯던 우렁이들은 겨울잠을 자려는지 땅 속 깊이 들어갔습니다.

천지와 소통하는 농민들의 가슴은 늘 조마조마 두근두근하는 마음으로 자연에 겸허히 순응합니다. 10월 태풍 '미탁'까지 올해  7번이나 찾아온 비바람을 견뎌낸 2019년 가을 벼들을 찬찬히 바라보고 손으로 만져봅니다. 볍씨 한 톨 속에 봄이 보이고, 여름의 뜨거운 태양이 어려 있습니다. 가을 공기도 듬뿍 담겨있습니다.

1년 농사를 지켜보며 '일미칠근'이 깨워주는 땀, 존중, 절약 등이 내 일상에서 잘 작동되고 있는지 성찰해봅니다. '쌀 한 톨 소홀히 하면 죄가 일곱 근이다'라는 불가의 간결한 정신이 내 밥상에서 또 수행에서 부지런히 살아 뛰는지 되돌아봅니다.

2019년 10월 3일
태풍 소식에 잠시 벼 베기를 멈추고

15 소리 없이 밀려드는 그리움

2019년 10월 19일 토요일 새벽 5시,
영산 성지의 새벽 종소리에
적공실 문을 열고 대각전으로 향합니다.
자욱한 안개가 펼쳐진 영산 성지 도량의 새벽 풍경에
잠시 발걸음을 멈추고 둘러봅니다.

대종사님 머무셨던 영산원靈山院 초가를 감싸 안은 안개가 순간, 서기瑞氣로 보이며 멈춘 그 자리에서 세계평화와 은혜 세상을 빌어봅니다.

옥녀봉 창공의 구름,
정관평 대지의 안개,
같지만 다른 모습으로 티 없이,
흔적 없이 살라 합니다.

소리 없이 밀려오는 스승님에 대한 그리움으로 가득한 새벽입니다.

2019년 10월 19일
대종사님이 몹시 보고 싶던 새벽에

16 강아지 똥은 누가 먹었는가?

성지의 귀염둥이, 가을이가 첫 출산을 했습니다. 오늘은 가을이의 새끼가 태어난 지 14일 만에 눈을 떠서 세상을 본 밝은 첫날입니다. 작년 가을에 왔다 해서 이름을 '가을'이라 지었듯이 새끼는 영산 성지에 단풍이 물드는 청명한 날에 왔기에 '단풍'이라 이름 지었습니다.

두 마리 중 한 마리를 잃는 아픔이 있었지만 단풍이는 씩씩하게 자라며 모두의 사랑을 듬뿍 받고 있습니다. 며칠 동안 자세히 살피던 중 새끼의 배설물을 어미가 다 받아먹는 모습을 발견했습니다. 혹여나 바닥에 떨어져 냄새가 날까 봐 이불 위의 배설물도 혀로 깨끗이 닦아내고 있었습니다. 더구나 치아를 이용하여 몸의 벌레를 잡는 모습은 숭고함이었습니다.

어미의 새끼 사랑은 천륜이었습니다. 어미의 생명 사랑은 생이지지生而知之의 자연이었습니다. 가을이가 행하는 단풍이에 대한 사랑을 보름여에 걸쳐 지켜보며 인간이든 짐승이든 자연의 한 존재로서의 원초적 사랑에 대해 묵상합니다. 있는 그대로를 바라보려는 묵상으로 본래의 에너지와 진리로 회복해가고자 합니다.

 총부에서 기르던 어린 개가 동네 큰 개에게 물려 죽을 지경에 이른지라 그 비명 소리 심히 처량하거늘, 대종사 말씀하시기를 "생명을 아끼어 죽기 싫어하는 것은 사람이나 짐승이나 일반이라." 하시고, 성안에 불쌍히 여기시는 기색을 띠시더니 마침내 절명하매 재비齋費를 내리시며 예감에게 명하사 "떠나시는 개의 영혼을 위하여 칠 칠 천도재를 지내 주라." 하시니라.

 기르던 반려견을 향한 일방적 사랑을 넘어 한 몸으로 보며 일체중생을 광대 무량한 낙원으로 인도하고자 하신 소태산 대종사의 정신개벽운동을 일상에서 굴려봅니다.

2019년 10월 30일
가을이는 영산 성지의 사랑입니다.

17 삭풍은 법풍이 되어

구수산 구십구봉의 기운이 서린 영산 성지에 강풍이 불고 있습니다.

서해에서 시작되었는지 깨어난 시민들의 개벽 함성인지 세찬 강풍이 불어오는 밤입니다. 영촌 마을은 바람이 많아 바람골이라고 불립니다. 그 세찬 바람은 인도의 승려 마라난타가 불법佛法을 전하러 온 법선法船의 길잡이가 되어주었습니다. 법선이 법성포法聖浦에 정착하여 백제 불교의 시작이 되었습니다. 와탄천 따라 선진포와 법성포를 오가던 범선帆船의 정박지였던 범현동은 원불교 영산원이 자리 잡았으니 3천 년 이어온 부처님 영산회상의 그 빛을 이어 밝혔습니다. 자비의 등불은 바람에 꺼지지 않고 둥근 진리, 은혜 세상을 여니 원불교입니다.

칠흑 같은 어둠을 가르는 삭풍朔風은 법풍法風이 되어 영산을 온통 은생지恩生地, 법생지法生地를 무위이화로 만들어내고 있습니다. 그 소식을 서해의 물고기들도 알고 춤을 추고, 가을걷이 끝난 정관평 새들도 알고, 옥녀봉 단풍잎도 아는 듯 울긋불긋 웃고 있는데 문득 바람 소리에 촉각을 세우고 있는 나를 발견합니다. 그러다 때 없이 청정하고 밝은 태양의 광명과 지혜로 어둠을 부순다는 원광관음圓光觀音을 생각하며 옅은 미소로 성지의 밤을 밝힙니다.

2019년 11월 24일
강풍주의보가 발효 중인 영산 적공실에서

18 성혼이 깃든 영산 대각전

　원불교 근원 성지인 영산 성지에는 국가지정문화재 제481호이자 원불교 성보 제2호인 대각전大覺殿이 있습니다. 익산 총부의 대각전이 완공된 이듬해인 1936년(원기 21년)에 소태산 대종사께서 직접 감독하시며 일산 이재철과 사산 오창건을 중심으로 그해 12월 29일에 완공했습니다. 두 개의 대각전은 건축물의 형태와 크기가 닮았습니다. 나무로 된 검은색 일원상이 봉안된 법당은 65평으로 건립 당시 영광군에서 가장 큰 집회 장소였습니다. 총공사비 3천 3백여만 원은 교도들의 성금과 1928년(원기 13년) 4월 농업부 창립 단원들이 땀 흘려 경작한 영광 과원의 복숭아 수익사업 등으로 충당하였습니다.

　봉불식에서 소태산 대종사께서는 법상에 올라 "나 보이냐?" 하시며 기뻐하셨다고 합니다. 당시 참석인원이 300여 명에 이를 정도로 상당한 규모의 행사였다고 전해집니다. 대각전은 법회와 단 활동 공부 장소로 때로는 숙소로 사용하였습니다. 일제 강점기 수탈이 빈번한 시대 상황이라 대각전의 천장은 정관평 쌀을 숨겨두는 장소로 활용되기도 했다고 합니다. 새벽에 대각전에 나오신 소태산 대종사께서 영산 학원생들이 좌선하는 것을 보시고 정신을 가다듬고 정진토록 독려하기도 하셨던 성혼이 깊이 깃든 바로 그 장소입니다.

2019년(원기 104년) 현재 영산 성지 대각전은 새벽 좌선과 기도 정진, 법회, 성지 순례객의 공부 터, 제사 의식 등이 이루어지며 성혼을 잇고 있습니다. 언덕 위라 바람이 잘 부는 대각전은 북향 목조건물입니다. 여름에는 선풍기를 사용하지만 추운 겨울의 냉기는 40년 된 온풍기로 버틸 수 없어 온풍기를 마련하는 것이 올 겨울맞이 과제였습니다. 간절히 염원하면 이루어지는 영산 성지의 기운 덕분일까요. 가을로 접어들며 두 건의 제사를 모시게 되어 염원대로 며칠 전인 지난 11월 26일 영산 성지 대각전에 냉온풍기를 설치했습니다. 공부하러 영산 성지를 찾아오는 도반들과 순례객들의 불편함에 늘 죄송했던 마음을 조금 내려놔도 될 듯합니다. 새벽 좌선 때마다 늘 뵙는 우리 대종사님께 자랑하고 싶은 날입니다.

구인 제자들이 정관평 방언 공사, 법인기도를 마치고 대각전 건립까지 자발적인 참여와 신심 그리고 단 조직을 통한 일심 합력의 공심을 칭찬하시며 대종사님께서는 열성을 말씀하셨습니다.

대각전을 감도는 따뜻한 기운에 감사의 기도를 올리며, 진정한 온기는 스승님을 향한 식지 않는 신심에 있음을 각성합니다. 대정진 대적공으로 대각의 그 정신을 이어가고 싶습니다.

2019년 11월 30일
햇살이 잘 들던 날 영산 성지 대각전에서 역사 공부를 했습니다.

"

"열성이 식어가는 날에는 그 사람은 그날부터 살고도 죽은 산송장이 되어가는 것이니, 살고도 죽은 사람이 될 것이 아니라 살았으면 산 사람으로 정진하여야 할 것이다."

[대종경 선외록 은족법족장 3절]

"

성혼이 깃든 영산 대각전

19
영산원이라 이름 지은 뜻은

날마다 올리는 저녁 9시 30분 저의 심고 장소는 영산원靈山院 앞입니다.

"

천지 하감지위, 부모 하감지위,
동포 응감지위, 법률 응감지위
피은자 정상덕 법신불 사은 전에 고백하옵나이다.
소태산 대종사님을 새 시대의 주세불로,
인류의 스승으로 모십니다.
일원대도가 시방세계에 널리 퍼져서
하나의 세계, 평화와 은혜의 세상이 이뤄지게 하소서.
정신개벽의 사명을 힘차게 굴리고
삼학 병진의 원만 공부법으로 쉼 없이 적공하게 하소서
일심으로 비옵나이다.

"

영산원의 시작은 1923년(원기 8년) 8월 26일(양력) 대종사 모친상을 당하여 문상차 길룡리로 사람들이 모이게 되니, 장례식은 마치 단합대회를 치르는 듯한 분위기가 됩니다.

이에 옥녀봉 아래 최초의 교당이었던 구간도실이 너무 좁아 많은 사람을 수용하기가 불편했습니다. 게다가 터에 습기가 많고 구석진 곳에 있어 적당한 곳으로 옮겨 짓자는 의견이 나오자 간척지 구호농장 정관평 건너 돛드레미 뒤에 터를 잡아 구간도실을 옮겨 지은 곳이 영산원이 되었습니다.

영산원 터를 잡기 위해서 소태산 대종사께서 정산 종사와 옥

녀봉에 올라 돛드레미 동산을 손가락으로 잠깐 가리키며 "저곳에 영산원을 짓는다." 하니 정산 종사 어디인지를 잘 몰라 다시 "저곳입니까?" 하고 손가락을 가리키니 손을 '탁' 치시면서 "누가 본다." 라고 하실 만큼 이 터를 잡을 때 신중하셨다고 합니다. 대종사께서 일원회상 창립의 산실이요 최초의 교당인 '구간도실'을 세우시고 '대명국영성소 좌우통달 만물건판양생소大明局靈性巢左右通達 萬物建判養生所'라는 이름으로 새 회상의 포부를 밝히셨습니다.

이후 돛드레미 여래봉 아래로 옮기고 그 명칭을 '영산원'으로 다시 이름 지은 뜻은 일원회상의 공개를 앞두고 연원불이신 석가모니의 영산회상을 이어받아 물질이 개벽되는 시대에 정신문명을 다시 새롭게 여는 정신개벽의 요람으로 만들고자 하는 경륜 때문이었을 것입니다. 이때부터 길룡리 일대를 영산靈山이라 부르게 되었던 것입니다. 익산 총부 건설 뒤 영산원은 영산지역 교화를 주관하며 방언답을 관리하였으며, 소태산 대종사께서 영산에 행가 하시면 영산원에 머무르셨습니다. 영산원을 중심으로 이뤄진 영산 공동체 도량은 생활시 불법, 불법시 생활의 새 불법의 선포장이며 정신개벽의 사명을 받아 가는 샘터이며 성전입니다.

목탁 소리는 정관평 보은강 잉어들도 듣고 돌고 돌아 촛대봉,

옥녀봉에서 마주 울립니다. 너른 세계 널리 널리 울려서 생명의 씨앗이 되고, 평화의 종이 되기를 빌고 빕니다.

> 이 건물을 여러 에피소드의 묶주라고
> 생각할 수도 있을 것이다.
>
> *라파엘 모네오(1996, 프리츠커 건축상 수상)*

2019년 12월 9일
영산원에서 저녁 심고를 마치고

20 정전은 진리의 원본

몸살감기로 힘든 일주일을 보냈습니다. 몸과 마음을 달래고자 오래전부터 불러보고 싶었던 가수 이미자 씨의 노래 '섬마을 선생님'을 배웠습니다. 유튜브를 통해 다양한 버전을 들을 수 있었습니다. 다음날 원곡 가수인 이미자 씨의 목소리로 들었습니다. 노래는 훨씬 생기 있고 힘이 넘쳤으며 애절했습니다. 원곡을 듣는 그 통쾌함과 짜릿함에 몸이 울렸습니다. "인간은 원본으로 태어나서 복사본으로 죽는다."라는 말이 있습니다. 본래 고유한 자기 삶을 신나게 살지 못하고 남의 흉내만 내고 산다는 현대인을 향한 일갈입니다.

원불교를 만나 소태산 대종사님께 귀의할 수 있음에 감사한 삶입니다. 마음의 번뇌를 조절할 수 있는 수행법을 배웠고, 세상을 경쟁의 장으로 여기며 이겨서 살아남는 것이 승리가 아니라 은혜와 자비로 연결된 하나의 끈임을 알아 공생하는 참다운 이치를 깨달을 수 있었습니다.

40년 전 원불교에 귀의하여 일관된 의심 거리 중 하나는 소태산 대종사께서 경전을 편찬하시고 그 이름을 왜 '정전正典'이라고 이름 붙였을까하는 의문입니다. 저는 근원을 밝히는 원경元經임을 선포하고(대산 종사) 더불어 과거 현재 미래의 사상과 종교의 본원이자 핵심을 뽑아 새 보자기에 담은 진리의 원본原本이라는 뜻으로 해석했습니다. 그래서 정전의 시작이 총서편總序編이라고 생각합니다.

바를 정正 자는 하나一에 멈춘다止는 뜻으로 하나는 진리요, 일원상 자리로 우주만유의 본원本源이며, 일체중생의 본성本性으로서 하나로 가는 바르고 빠른 지름길입니다. 도자기를 찾는 사람이 고려청자의 원본을 만났을 때의 기쁨, 심마니가 산삼을 만나는 순간처럼 원불교인들은 진리의 새로운 원본을 마음속에 품고 살아가는 사람들입니다.

이산 박정훈 종사님을 전북 교구에서 8년간 모셨습니다. "나는 붓글씨를 배워서 깨소금처럼 잘 써먹고 있네." 하시며 누구든 찾아오면 기쁘게 써주시고 1만 번을 독송하여 이뤘다는 독경집은 한 번도 저작권료를 받지 않았다고 하십니다. 둥글둥글하지만 힘 있는 당신의 글씨체를 완성하셨지만 틈만 나면 전주 교동에

계시는 강암 송성용 선생께 가셔서 무릎 꿇고 필법을 체 받던 모습이 떠오릅니다.

  진리의 원서原書인 원불교 정전의 특징은 그림처럼 걸어두거나 박물관에 보관해 두고 가끔 보는 화석이 아닙니다. 하루 오만 번 일어나는 마음 작용을 대조하는 거울로 세상의 무지와 욕망을 깨우는 묘약으로 순간순간 꺼내 사용하며 그 진가를 발휘할 수 있습니다.

2019년 12월 21일
영산 성지 적공실에서

21 옥녀봉에서 새해를 맞이하며

2020년(원기 105년) 새해 첫날, 옥녀봉에 올랐습니다.

영산 성지에서 새벽 타종식을 올린 후 영산 교당에서 신정절을 마치고 도반들과 함께 찾았습니다. 원기 4년 봄 정관평 방언공사 준공을 기념하여 바위에 시멘트로 새긴 원불교 첫 금석문인 제명바위를 지니는 옥녀봉 산행길은 바위산이라 오르기가 쉽지 않습니다. 몸을 낮추고 숨을 몰아쉬며 배어나는 이마의 땀을 닦으며 마침내 옥녀봉 댕기머리 바위에 앉았습니다. 영산 성지가 내려다보이는 옥녀봉의 원래 이름을 망성봉望聖峰이라 부르고 있음을 다시 새겨봅니다.

영산 성지 옥녀봉은 소태산 대종사께서 7세 되시던 해에 큰 의심이 일어났던 관천기의상觀天起疑相의 배경입니다. 대종사께서 옥녀봉을 바라보시며 문득 한 생각이 나시기를 '저 하늘은 얼마나 높고 큰 것이며 어찌하여 저렇게 깨끗하게 보이는고?'하는 것이 첫 번째 의심이었습니다. 또 생각하시기를 '저와 같이 깨끗한

천지에서 우연히 바람이 동하고 구름이 일어나니 그 바람과 구름
은 또한 어떻게 되는 것이고?' 하는 것이 두 번째 의심이었습니
다. 대종사의 의심 공부는 의단疑團이 되어 우주와 인생의 원리를
해결하고자 하는 구도의 에너지가 되었고 마침내 대각의 종자가
되었으며 성태聖胎를 배양하는 그릇이 되었습니다.

 소태산기념관 건축집행위원장을 겸직하며 영산 성지 사무소
장으로 보낸 지난 1년 동안 영산원 구내에서 옥녀봉을 무수히
바라보고 기도했습니다. 순례객들에게 망성봉을 설명할 때마다
대종사께서 이곳에 오신 희열과 긍지를 이야기했습니다. 구수산
99봉 마지막 봉우리인 옥녀봉에서 강한 힘을 느꼈고 100개에서
빠진 산봉우리 하나는 사람으로 화현하신 소태산이라며 환희에
빠지곤 했습니다.

 뜨거운 여름날에는 정관평 벼농사를 하는 이들에게 그늘을 드
리워주는 자애로운 옥녀봉입니다. 수많은 수행자의 목탁 소리를
기억하고 있을 옥녀봉을 용의 머리를 닮은 용두산이라고 부르는
사람도 있습니다. 오산 박동국 선진님께서 법인기도를 올리셨던
옥녀봉 상단에는 성지 순례객들을 멀리서 반갑게 맞이하는 커다
란 일원상이 새겨져 있습니다. "저 일원상은 누가 그렸어요?" 하

는 순례객들의 질문에 늘 답을 못해 드렸는데 최근에 확인이 되었습니다. 원기 66년경 중산 정광훈 대봉도님께서 청년들과 지도를 펴놓고 사다리를 타고 올라가 직접 그리셨다 합니다. 그 당시 영산 성지 교무로 근무하시며 현장을 직접 보았다는 김정유 교무님의 증언을 역사에 남기고 싶습니다.

'신성으로 공부합시다.'를 화두로 삼고 적공할 원기 105년, 와탄천에 머리를 감고 댕기머리 단정히 하고 법문을 받드는 태도로 스스로 옥녀봉이 되어봅니다.

2020년 1월 1일
최윤진 교무님과 그 어머니, 전무출신을 서원한 진희 간사와 함께
옥녀봉에 올랐던 날

22

영산 성지로 발걸음을 돌리시오

소태산 대종사께서는 우리에게 세계는 하나이니 서로 협력하고, 인류는 은혜로 맺어졌으니 서로 감사하라는 메시지를 사명으로 주셨습니다. 영산 성지를 날마다 순례하면서 소태산 대종사의 그 음성을 가까이에서 듣는 듯합니다. 탄생가의 문을 열고 들어서는 순간이 그렇습니다. 삼밭재에 올라가 조용히 앉아 있으면 옆에 계신 듯 열기가 다가옵니다. 수없이 대각터를 드나들어도 그때마다 저절로 마음공부가 됩니다. 저에게 영산 성지 순례는 날마다 정신을 차리게 하는 묘약입니다.

원불교는 소태산 대종사의 탄생으로부터 시작되었지만, 실질적으로는 소태산의 큰 깨달음(대각)을 원불교의 시작으로 기준을 둡니다. 소태산 대종사께서 스스로 말씀하셨습니다. 내가 대각을 했지만 나 혼자 대각하는 것은 의미가 없다. 예전에는 일부처 천보살이었다면 이제는 천여래 만보살의 시대로 살아가야 한다고 말이지요. 모두가 부처가 되는 시대, 깨달음을 대중화하고 시대화하는 것. 소태산 대종사는 그것을 꿈꾸셨습니다.

원불교인들에게 영산 성지는 일원대도의 발상지로서 정신의 고향입니다. 탄생가, 대각터, 법인기도가 이루어진 곳, 영육쌍전의 행함을 보인 정관평까지 원불교의 창립 정신이 고스란히 살아 숨 쉬는 장소입니다. 근원적이고 포괄적인 에너지를 품고 있는 영산 성지에서 마음의 근본을 되돌아보고 정신을 회복하며 몸을 움직여 행하는 실천의 힘을 다시 새겨보는 곳입니다. 소태산은 바라보는 자가 아니라 행하려는 자 즉, 영육쌍전의 실천을 보여준 성자였습니다.

소태산기념관 집행위원장이자 영산 성지 사무소장을 겸직하면서 지난해인 2019년 성지 순례자들이 편안히 기도하고 머물다 갈 수 있도록 최소한의 정비를 했습니다. 서둘러 지나가는 영산 성지에서 반나절 혹은 하루라도 고요히 머물고 천천히 거닐며 소태산의 화두를 붙들고 체험하는 성지 순례길을 만드는 고민을 해왔습니다. 탄생가를 재복원하여 기도 도량으로 가꾸고, 정산 종사께서 거주하셨던 법모실과 사타원님이 기도하셨던 신성실을 순례자들이 오롯하게 머물 수 있도록 정비하였습니다. 순례자들을 떠올리며 성지의 밤 산책길을 따뜻하게 밝혀줄 경관조명도 지난해 가을 설치했습니다. 소태산 대종사 당대의 영산선학대학교 학생들이 모여 좌선 훈련을 하는 걸 보시며 그리도 좋아하셨다는 영산 대각전에서의 새벽 좌선 길과 저녁 심고, 묵상 산책도 이제는 여여하게 거닐 수 있습니다.

2020년 2월부터 영산 성지 초입의 카페 성래원을 순례자를 위한 무인카페로 운영할 준비에 영산은 오늘도 바쁘게 돌아가고 있습니다. 영산 성지를 찾아오시는 순례자들을 1년 넘게 자세히 살펴보니 일반 순례자들이 전체의 4분의 3을 차지할 정도로 많았습니다. 원불교와 근원 성지인 영산 성지를 적극적으로 알릴 수 있는 성지순례 길잡이 책과 순례지가 요약된 지도 홍보물을 2020년 버전으로 기획하여 제작 중입니다. 기존의 성래원을 사무실 및 순례객의 쉼터이자 친절한 안내 공간이 될 수 있도록 성지 영상물 시청 등 순례문화콘텐츠를 강화한 플랫폼으로 재구성하고 있습니다. 체험과 습득의 경계에서 창조적인 나를 발견하는 체득의 장으로 만들고 싶습니다.

영산에 오시면 아무리 바빠도 영산 성지의 핵심인 탄생, 대각, 법인의 장소는 꼭 순례하시기를 당부드립니다. 소태산 대종사 탄생가, 노루목 대각터, 구간도실터입니다. 여기에 미래종교의 나아갈 길을 공부와 사업의 시범으로 보여주신 정관평까지 4대 장소를 모든 순례자에게 추천합니다.

영산 성지는 세계정신문화의 새로운 DNA를 제공하는 산실이 될 것입니다. 영산 성지로 향하는 발걸음은 이미 최고의 수행이고 성자의 혼을 증득하는 놀라운 순간이 될 것입니다. 여러분이 그 발걸음의 증인이 되어주십시오.

이제 어렵고 힘든 일이 있으면 영산 성지로 발걸음을 돌리십시오. 이제 기쁘고 자랑하고 싶은 일이 있거든 영산 성지로 발걸음을 향하십시오. 대종사님이 진리를 깨닫기 위해 옥녀봉에 던진 질문이 저마다의 물음으로 돌아올 것입니다.

2020년 1월 28일
영산 성지의 순례를 자랑스럽게 생각하고
체험이 상시화되기를 바라며

> 영산 성지로 발걸음을 돌리시오

영산 대성지는

주세성자이신 대종사님께서

색신여래로 탄생하신 대성지이요,

주세성자이신 대종사님께서

법신여래를 탄생시키신 대각성지이며,

구인선진께서 사무여한의 대 혈성을 올려 법계로부터

천 여래 만 보살을 배출시키고

억조 창생의 혜복의 문로를 열어줄

소명召命을 부여받은 회상의 발상지이요.

방언의 대 역사로 영육쌍전, 동정일여, 이사병행하는

일원회상의 시범을 보여 주신 곳이며,

선학원생禪學院生들을 전미개오 시키고

연도수덕硏道修德케 하는 광불도량廣佛道場으로

도맥道脈의 원천지이다.

그러므로 우리 모두와 일체 동포는 참배參拜하고

봉고하여야 할 대성지이다.

대산 종사